ポケットマネーではじめる 月1500円のETF投資

ぱる出版

論より証拠。まず私が時間をかけて作ったデータを見てください。細かくて見えにくいときは、左のQRコードまたはURLからダウンロードしてください。
見ての通り安定の利益運用です。

http://pal-pub.jp/wp-content/uploads/2018/12/Maehata_Ushiro.pdf

	ETF1357	株数	利益	ETF1570	株数	利益
安値買	1,135	440				

100万円の元手でETF1357とETF1570を50万円ずつ上手に売買すれば1年で2倍にすることもできる

年月日	騰落レシオ	日経平均	前日比	ETF1357	前日比	ETF1570	前日比
2018.1.4	116	23,506	742	1,201	-79	22,130	1,310
2018.1.5	122	23,714	208	1,177	-24	22,570	440
2018.1.9	119	23,849	135	1,165	-12	22,800	230
2018.1.10	118	23,788	-61	1,167	2	22,690	-110
2018.1.11	117	23,710	-78	1,178	11	22,500	-190
2018.1.12	117	23,653	-57	1,183	5	22,410	-90
2018.1.15	118	23,714	61	1,177	-6	22,520	110
2018.1.16	124	23,951	237	1,152	-25	22,980	460
2018.1.17	114	23,868	-83	1,162	10	22,800	-180
2018.1.18	104	23,763	-105	1,171	9	22,610	-190
2018.1.19	105	23,808	45	1,167	-4	22,700	90
2018.1.22	106	23,816	8	1,167	0	22,680	-20
2018.1.23	114	24,124	308	1,135	-32	23,300	620
2018.1.24	110	23,940	-184	1,154	19	22,960	-340
2018.1.25	109	23,669	-271	1,180	26	22,450	-510
2018.1.26	107	23,631	-38	1,183	3	22,320	-130
2018.1.29	111	23,629	-2	1,183	0	22,350	30
2018.1.30	103	23,291	-338	1,217	34	21,710	-640
2018.1.31	96	23,098	-193	1,236	19	21,360	-350
2018.2.1	101	23,486	388	1,198	-38	22,060	700
2018.2.2	100	23,274	-212	1,218	20	21,660	-400
2018.2.5	95	22,682	-592	1,277	59	20,570	-1,090
2018.2.6	84	21,610	-1,072	1,401	124	18,600	-1,970
2018.2.7	88	21,645	35	1,393	-8	18,640	40

	ETF1357	株数	利益		ETF1570	株数	利益
高値 売	1,483	440	153,120	安値 買	17,420	28	
安値 買	1,275	392		高値 売	20,130	28	75,880
高値 売	1,470	392	76,440	安値 買	17,390	28	
安値 買	1,329	376		高値 売	19,140	28	49,000

年月日	騰落レシオ	日経平均	前日比	ETF1357	前日比	ETF1570	前日比
2018.2.8	91	21,890	245	1,359	-34	19,050	410
2018.2.9	80	21,382	-508	1,422	63	18,220	-830
2018.2.13	76	21,244	-138	1,444	22	17,930	-290
2018.2.14	71	21,154	-90	1,455	11	17,770	-160
2018.2.15	74	21,464	310	1,409	-46	18,310	540
2018.2.16	78	21,720	256	1,377	-32	18,720	410
2018.2.19	88	22,149	429	1,321	-56	19,480	760
2018.2.20	87	21,925	-224	1,351	30	19,070	-410
2018.2.21	87	21,970	45	1,343	-8	19,190	120
2018.2.22	87	21,736	-234	1,373	30	18,750	-440
2018.2.23	95	21,892	156	1,354	-19	19,020	270
2018.2.26	95	22,153	261	1,317	-37	19,520	500
2018.2.27	96	22,389	236	1,289	-28	19,920	400
2018.2.28	88	22,068	-321	1,324	35	19,420	-500
2018.3.1	83	21,724	-344	1,367	43	18,750	-670
2018.3.2	82	21,181	-543	1,437	70	17,800	-950
2018.3.5	78	21,042	-139	1,454	17	17,590	-210
2018.3.6	82	21,417	375	1,401	-53	18,210	620
2018.3.7	84	21,252	-165	1,423	22	17,900	-310
2018.3.8	88	21,368	116	1,410	-13	18,050	150
2018.3.9	84	21,469	101	1,396	-14	18,230	180
2018.3.12	90	21,824	355	1,345	-51	18,910	680
2018.3.13	101	21,968	144	1,331	-14	19,110	200
2018.3.14	107	21,777	-191	1,353	22	18,780	-330
2018.3.15	104	21,803	26	1,351	-2	18,840	60
2018.3.16	98	21,676	-127	1,366	15	18,600	-240
2018.3.19	98	21,480	-196	1,392	26	18,260	-340
2018.3.20	101	21,380	-100	1,405	13	18,090	-170
2018.3.22	108	21,591	211	1,377	-28	18,450	360

	ETF1357	株数	利益		ETF1570	株数	利益
高値 売	1,544	376	80,840	安値 買	16,300	30	

年月日	騰落レシオ	日経平均	前日比	ETF1357	前日比	ETF1570	前日比
2018.3.23	97	20,617	-974	1,504	127	16,750	-1,700
2018.3.26	93	20,766	149	1,482	-22	17,000	250
2018.3.27	92	21,317	551	1,404	-78	17,870	870
2018.3.28	89	21,031	-286	1,417	13	17,720	-150
2018.3.29	91	21,159	128	1,400	-17	17,910	190
2018.3.30	98	21,454	295	1,356	-44	18,440	530
2018.4.2	91	21,388	-66	1,366	10	18,340	-100
2018.4.3	87	21,292	-96	1,379	13	18,150	-190
2018.4.4	89	21,319	27	1,375	-4	18,210	60
2018.4.5	93	21,645	326	1,330	-45	18,790	580
2018.4.6	96	21,567	-78	1,340	10	18,680	-110
2018.4.9	104	21,678	111	1,327	-13	18,840	160
2018.4.10	109	21,794	116	1,311	-16	19,030	190
2018.4.11	100	21,687	-107	1,324	13	18,850	-180
2018.4.12	102	21,660	-27	1,329	5	18,800	-50
2018.4.13	105	21,778	118	1,314	-15	19,010	210
2018.4.16	106	21,835	57	1,306	-8	19,110	100
2018.4.17	96	21,847	12	1,305	-1	19,130	20
2018.4.18	97	22,158	311	1,268	-37	19,680	550
2018.4.19	101	22,191	33	1,265	-3	19,720	40
2018.4.20	103	22,162	-29	1,266	1	19,680	-40
2018.4.23	105	22,088	-74	1,275	9	19,550	-130
2018.4.24	117	22,278	190	1,252	-23	19,890	340
2018.4.25	118	22,215	-63	1,261	9	19,790	-100
2018.4.26	117	22,319	104	1,248	-13	19,950	160
2018.4.27	127	22,467	148	1,232	-16	20,230	280
2018.5.1	123	22,508	41	1,228	-4	20,290	60
2018.5.2	116	22,472	-36	1,232	4	20,190	-100
2018.5.7	123	22,467	-5	1,232	0	20,210	20

	ETF1357	株数	利益		ETF1570	株数	利益
安値 買	1,170	427		高値 売	21,240	30	148,200
高値 売	1,290	427	51,240	安値 買	19,210	26	
安値 買	1,170	427		高値 売	21,130	26	49,920

年月日	騰落レシオ	日経平均	前日比	ETF1357	前日比	ETF1570	前日比
2018.5.8	123	22,508	41	1,226	-6	20,280	70
2018.5.9	116	22,408	-100	1,239	13	20,110	-170
2018.5.10	119	22,497	89	1,228	-11	20,260	150
2018.5.11	125	22,758	261	1,199	-29	20,760	500
2018.5.14	122	22,865	107	1,188	-11	20,920	160
2018.5.15	118	22,818	-47	1,196	8	20,820	-100
2018.5.16	121	22,717	-101	1,203	7	20,660	-160
2018.5.17	121	22,838	121	1,190	-13	20,880	220
2018.5.18	121	22,930	92	1,183	-7	21,010	130
2018.5.21	125	23,002	72	1,173	-10	21,160	150
2018.5.22	124	22,960	-42	1,180	7	21,080	-80
2018.5.23	119	22,689	-271	1,206	26	20,580	-500
2018.5.24	112	22,437	-252	1,234	28	20,130	-450
2018.5.25	112	22,450	13	1,230	-4	20,170	40
2018.5.28	105	22,481	31	1,230	0	20,200	30
2018.5.29	99	22,358	-123	1,242	12	19,960	-240
2018.5.30	94	22,018	-340	1,280	38	19,370	-590
2018.5.31	96	22,201	183	1,258	-22	19,720	350
2018.6.1	92	22,171	-30	1,263	5	19,620	-100
2018.6.4	97	22,475	304	1,226	-37	20,180	560
2018.6.5	94	22,539	64	1,220	-6	20,280	100
2018.6.6	94	22,625	86	1,211	-9	20,460	180
2018.6.7	99	22,823	198	1,188	-23	20,800	340
2018.6.8	96	22,694	-129	1,204	16	20,550	-250
2018.6.11	96	22,804	110	1,191	-13	20,790	240
2018.6.12	94	22,878	74	1,181	-10	20,930	140
2018.6.13	99	22,966	88	1,174	-7	21,060	130
2018.6.14	95	22,738	-228	1,197	23	20,650	-410
2018.6.15	91	22,851	113	1,184	-13	20,870	220

	ETF1357	株数	利益		ETF1570	株数	利益
高値 売	1,334	427	70,028	安値 買	18,390	27	
安値 買	1,162	430		高値 売	21,000	27	70,470

年月日	騰落レシオ	日経平均	前日比	ETF1357	前日比	ETF1570	前日比
2018.6.18	86	22,680	-171	1,202	18	20,530	-340
2018.6.19	81	22,278	-402	1,243	41	19,830	-700
2018.6.20	83	22,555	277	1,214	-29	20,300	470
2018.6.21	81	22,693	138	1,196	-18	20,570	270
2018.6.22	80	22,516	-177	1,215	19	20,260	-310
2018.6.25	75	22,338	-178	1,236	21	19,910	-350
2018.6.26	78	22,342	4	1,234	-2	19,950	40
2018.6.27	80	22,271	-71	1,242	8	19,840	-110
2018.6.28	82	22,270	-1	1,240	-2	19,850	10
2018.6.29	86	22,304	34	1,236	-4	19,900	50
2018.7.2	81	21,811	-493	1,292	56	19,000	-900
2018.7.3	80	21,785	-26	1,294	2	18,950	-50
2018.7.4	85	21,717	-68	1,302	8	18,840	-110
2018.7.5	78	21,546	-171	1,322	20	18,560	-280
2018.7.6	81	21,788	242	1,292	-30	19,000	440
2018.7.9	81	22,052	264	1,262	-30	19,400	400
2018.7.10	81	22,196	144	1,243	-19	19,700	300
2018.7.11	78	21,932	-264	1,276	33	19,180	-520
2018.7.12	76	22,187	255	1,244	-32	19,650	470
2018.7.13	80	22,597	410	1,198	-46	20,390	740
2018.7.17	83	22,697	100	1,187	-11	20,550	160
2018.7.18	85	22,794	97	1,176	-11	20,750	200
2018.7.19	82	22,764	-30	1,181	5	20,700	-50
2018.7.20	83	22,697	-67	1,187	6	20,550	-150
2018.7.23	83	22,396	-301	1,221	34	19,970	-580
2018.7.24	90	22,510	114	1,206	-15	20,200	230
2018.7.25	98	22,614	104	1,197	-9	20,380	180
2018.7.26	101	22,586	-28	1,199	2	20,330	-50
2018.7.27	107	22,712	126	1,186	-13	20,540	210

	ETF1357	株数	利益		ETF1570	株数	利益
高値 売	1,276	430	49,020	安値 買	19,000	26	
安値 買	1,143	437		高値 売	21,150	26	55,900
	ETF1357	利益	480,688		ETF1570	利益	449,370
			税引前				税引前

年月日	騰落レシオ	日経平均	前日比	ETF1357	前日比	ETF1570	前日比
2018.7.30	106	22,544	-168	1,202	16	20,270	-270
2018.7.31	109	22,553	9	1,200	-2	20,290	20
2018.8.1	108	22,746	193	1,179	-21	20,630	340
2018.8.2	102	22,512	-234	1,206	27	20,160	-470
2018.8.3	100	22,525	13	1,203	-3	20,210	50
2018.8.6	95	22,507	-18	1,205	2	20,190	-20
2018.8.7	105	22,662	155	1,188	-17	20,440	250
2018.8.8	109	22,644	-18	1,189	1	20,450	10
2018.8.9	109	22,598	-46	1,193	4	20,370	-80
2018.8.10	111	22,298	-300	1,226	33	19,840	-530
2018.8.13	99	21,857	-441	1,272	46	19,040	-800
2018.8.14	100	22,356	499	1,218	-54	19,860	820
2018.8.15	96	22,204	-152	1,232	14	19,650	-210
2018.8.16	95	22,192	-12	1,232	0	19,650	0
2018.8.17	97	22,270	78	1,225	-7	19,770	120
2018.8.20	89	22,199	-71	1,234	9	19,630	-140
2018.8.21	83	22,219	20	1,229	-5	19,690	60
2018.8.22	83	22,362	143	1,218	-11	19,880	190
2018.8.23	86	22,410	48	1,211	-7	19,970	90
2018.8.24	92	22,601	191	1,190	-21	20,320	350
2018.8.27	98	22,799	198	1,168	-22	20,700	380
2018.8.28	95	22,813	14	1,166	-2	20,730	30
2018.8.29	96	22,848	35	1,160	-6	20,820	90
2018.8.30	92	22,869	21	1,158	-2	20,840	20
2018.8.31	88	22,865	-4	1,161	3	20,820	-20

はじめに

この本は、日経平均の株価だけを気にしながら、たった2つのETF（上場投資信託）を売買して利益を上げるシンプルな投資本です。

書店には「オリンピックまでに1億円」とか「資産を10倍に増やす方法」などといった夢のある本がたくさん並んでいますが、ここでは「コツコツゆっくりかんたん投資」でより確実に稼ぐテクニックを紹介しているので、一攫千金を狙っている人には不向きだと断定できます。

さらに、この投資方法は私が発明した画期的なアイデアでも何でもなく、ただ、いくつかの指標を参考にしながら買ったり売ったりするだけなので、だれでも簡単にできる投資なのです。

しかし、私がこれまでに記録してきたデータを一から作るにはかなりの時間がかかるので、後に公開するデータだけでも私は本一冊分の値打ちはあると自負しています。

あなたの代わりに時給500円で3時間、私にデータを作らせたと思えばそんなに高くはないと実感していただけるでしょう。

そして、何と言っても景気に左右されることのない投資なのが最大の特長で、この先、不況がきてもいくつかのルールさえ守れば儲けることができるので、日本の株式市場が崩壊しない限りずっと使えるテキストです。

私がこのＥＴＦ投資を本格的に始めてまだ1年ほどなので、これからＥＴＦ投資を始める人よりは少しだけ先輩ですが、あなたがこれから私以上にＥＴＦ投資で稼げる可能性は十分にあるのです。

もちろん、私もみなさんに負けないようにこれからもコツコツと稼ぐつもりです。

この本、全部のテクニックを短期間でマスターするのはとても難しいですが、ひとつずつ確実にクリアしていけば、数年後、あなたはＥＴＦ投資のプロになっているでしょう。

個別銘柄の株を買っているときは正直、楽しくはありませんでした。

儲けたり、損をしたりの繰り返しが数年続くと本当に株に振り回される生活になるのです。

その点、ＥＴＦ投資は単純なので疲れることなく楽しい投資ができるようになりました。

スポーツでも習い事でも向き不向きがあるように、投資にも向いている投資、向いていない投資があるので、興味がある人はポケットマネーでお試しにやってみることをお勧めします。

さあ、コンビニ店員の私と一緒にＥＴＦ投資をはじめてみませんか。

ポケットマネーではじめる月1500円のETF投資――目次

騰落レシオ

1357
120%

1570
80%

PART 4 株で成功するための〝カメの気づき〟

PART 6 これだけは毎日しておきたいこと

PART 1

コツコツかんたん投資で稼ぐにはETFがいい

月3万円稼ぐには
ＥＴＦでプラスにできた投資方法

私が実際に行ったＥＴＦ投資を簡単に説明しましょう。

ＥＴＦについては後で詳しく説明しますが、本書では数多くあるＥＴＦのなかでもとりわけ**2つのETF〈証券コード1570〉**（以下、ＥＴＦ１５７０）と**〈証券コード1357〉**（以下、ＥＴＦ１３５７）の売買だけで稼ぐ方法を基本としています。

どちらも日経平均株価（以下、日経平均）に連動するＥＴＦで、ＥＴＦ１５７０は日経平均が上昇すれば同じように上昇し、ＥＴＦ１３５７は日経平均が上昇すれば株価が下落するＥＴＦなのです。

日経平均が上昇すれば下落するとはいったいどういうことなのか？

このＥＴＦ１３５７を知った私でも最初は全く意味がわからなかったのですが、これから株を始めようとしている人はもちろんのこと、株式投資歴が長い人でも知らない人は意外というのです。

そんな知らない人のために今回は、日経平均が下げた時に儲けたケースについて順を追ってわかりやすく説明していきたいと思います。

では早速、私が売買した過去を振り返ってみましょう。

今年の４月27日、日経平均は前日よりも１４８円26銭高い２２４６７円87銭でした。これだけの情報では日経平均が高値圏なのか安値圏なのかはわかりません。

しかし、私は自分で作っておいたデータのもと、日経平均が高値圏だと判断し、近い将来、株式市場全体の暴落がくると予想して**日経平均と反対の動きをするＥＴＦ１３５７**を終値１２３２円で４００株購入しました。金額にすると１２３２円×４００株で４９２８００円です。

翌日以降もコツコツと買い５月１日、１２２８円１株、５月７日、１２３２円50株、５月８日、１２２６円50株、５月10日、１２２９円50株、５月11日、１２１９円50株、５月14日、１１８８円50株、５月15日、１１９６円50株、５月16日１２０３円50株、５月17日１１９０円49株、合計で97万６９８８円、平均で１２２２円の株を８００株持っていることになります。

その後、日経平均は５月21日まで上昇しました。当然、日経平均が上昇すれば下落するＥＴＦ１３５７を買っていたので、私の持っている株価は下落、５月21日の終値が１１７３円なので、４万円ほど損をしている状態でした。

正直、ここまで下がるとは思っていなかったので、ヒヤヒヤしたのも事実です。しかし、この先、日経平均が下落すると予想していたのでしばらく様子を見ることにしました。

私の予想は的中し、5月22日以降、日経平均は下落モードに突入し、5月30日までに1000円近く下落しました。日経平均とは逆の動きをするETF1357の株価は上昇し、一時1290円まで上昇しました。

ここで売っていれば、**わずか1か月で5万円以上の利益**を得ることができたのです。

しかし、これから株を始める人には特に気をつけていただきたいのですが、株式投資をしていて**調子がいいときは必ず欲がでてしまう**のです。この時も自分の予想が的中したことで有頂天になり、つい欲が出て売るタイミングを逃したのです。

日経平均はそれから上下しながら6月13日までに900円以上、株価を上げ、ETF1357は5月21日の株価近く（1172円）まで下落しました。

この地点では約4万円のマイナスです。**あの時売っておけばよかったと後悔しても手遅れです**。

しかし、そこからはデータ上、再び日経平均が下がると予想していたので暴落するまで待つことにしたのです。

今度は前回の失敗を教訓にして日経平均が２００円以上、下げた時は少しずつ利益を確定していこうと考え、２００円以上、下げた時のＥＴＦ１３５７の株価を計算しておき、指値で分割して売るようにしたのです。

細かい計算方法は別の章で説明しますが、日経平均が２００円下げた時は20円前後、ＥＴＦ１３５７の株価が上昇するので、２００円下落した時の指値、３００円下落した時の指値、さらには４００円、５００円と下落した時のＥＴＦ１３５７を指値売りで注文しておきました。

そして６月14日には日経平均が前日よりも２００円以上、下げたので前日計算式に当てはめていた金額１１９６円で１００株を売却しました。２６００円のマイナスです。本当は利益を確定してから売却したかったのですが、そこは**私のルール上仕方がありません**。

そして、翌日以降も日経平均が２００円から５００円下げた時のＥＴＦ１３５７の株価に当てはめて指値売り注文をしておきました。６月18日、日経平均は前営業日よりも一時２５０円下げました。

それまでにＥＴＦ１３５７を指値売り注文しておいたので、２００円下落に対しての指値１２１１円で１００株売却しました。ここでもまだ１１００円のマイナスです。

さらに、翌日６月19日、とうとう日経平均は４００円以上も下落、終値１２４３円で３００

株売却、ようやく6300円のプラスに転じたのです。

500株売却してトータル2600円のプラスです。残り300株は一日に300円以上日経平均が下げた時に合わせて指値注文をしておきました。

すると7月2日には一時、520円も下落しました。300円、400円、500円下落した時のために残り300株を100株に分散して前日、売りの指値注文をしておきました。

300円下落に対して1278円、400円下落に対して1292円、500円下落に対して1306円となります。

よって、今回は日経平均が300円と400円下落した時のデータが当てはまり、1278円100株、1292円100株売却できました。利益はそれぞれ5600円と7000円で**合計1万5200円のプラス**です。

これ以上日経平均は下がらないと予想したので、残りの100株は日経平均が前日よりも100円値下がりした時の計算式に当てはめ、1306円で指値売注文をしておき翌日7月3日に約定しました。利益は8400円、総利益にすると2万3600円です（日経平均株価みたいですね）。

結局、日経平均は7月5日まで下落して、その日のETF1357の最高値は1334円でした。

もし全株をこの値段で売っていたなら約2か月で9万円ほど稼げたことになります。

今回はたったこれだけの利益でしたが、**1か月で3万円から5万円コンスタントに稼いでいけば年30万円以上は稼げる**ようになってくるのです。

大儲けは狙わずコツコツと確実に稼ぐための参考になったのではないでしょうか。

くれぐれも欲張らずに。

定期預金よりはましという気持ちで

それでも定期預金利息の10倍稼ぐことができる

バブル全盛期、定期預金の金利は年3%は当たり前、信用金庫や信用組合なら5%のところも少なくありませんでした。そしてあれから30年近く進んだ今、大手都市銀行では年利0・01%程度まで下がりました。

バブル期に今では考えられないような預金金利をつけていた信用金庫や信用組合、店舗が存在しないネット銀行でさえ、今では**良くても年利0・4%や0・5%（キャンペーンや新規客限定）**です。

もう一度言います。良くて年利0・5%ですよ。

日本人の貯蓄平均は1000万円といわれています。**「そんなお金ないよ。」**という人がほとんどだとは思いますが年代別で異なるため、この本の主人公でもある**「35歳以上のコンビニ店員」**に相当する年齢で見れば30代単身世帯で600万円前後、2人以上の世帯で450万円前後、40代単身世帯で900万円前後、2人以上の世帯で650万円前後、50代単身世帯で1300万円前後、2人以上の世帯で1100万円前後となります。

おそらくそれでも多すぎると感じている人は35歳以上のコンビニ店員に限らずたくさんいると推察できます。

いま、あなたがこれまでに貯めてきた貯蓄額を定期預金の金利、良くて年利0・5%に換算して預けた場合、一年後、一体どれくらいの金利が通帳に記載されるのか計算してみて下さい。

100万円の貯蓄なら、**格安焼き鳥チェーン店に一、二回食事に行けばなくなる程度**の金利しかもらえません。それも最高金利で。

仮に日本人平均貯蓄の1000万円持っていたとしても5万円程度（そこから税金を引かれるので実質は4万円程度）です。

5万円あれば高級寿司店に2人で行くことはできます。しかしよく考えて下さい。**1000万円も持っている人が年一回高級寿司を食べて終わり**だなんて悲しすぎるとは思いませんか。

年一回高級寿司を食べることができればそれで十分だと思っている人は株式投資、とくにこれから私がおすすめするETF投資を始める必要はありません。

しかし、平均貯蓄額1000万円の10分の1、100万円の投資額でも年5万円はかんたんに稼ぐことはできるので、貯蓄額1000万円を銀行の定期預金に預けている人たちと同等の恩恵を受けることができるのです。

格安焼き鳥チェーン店と高級寿司店、月とスッポンの差が同じ投資額でおこるのです。

だから、貯蓄額が100万円の人は、一年目の目標を年5万円くらいに設定して、**銀行よりかはまだましだという気持ち**でスタートしてもいいのではないでしょうか。

そして儲けた5万円はパッと使って、2年目からは1・3倍、年利30%を目指せばいいのです。もちろん1年目と同様、5万円儲けたらその年はおしまいにするのもひとつの方法です。

あなたが銀行に預けているお金を少しでも有効に運用することが第一優先なので、目標額に達すればその年は止めても誰も文句は言いません。

むしろその潔さが今後の投資に生かされると思うのであなたが決めたのならそれが正しい選択なのです。

ＥＴＦとは

投資信託との違い

ＥＴＦとは**Exchange Traded Funds**の頭文字をとった略語で、これだけをみればこれからＥＴＦ投資を始めようとしている人には難しくて拒絶したくなりそうな3文字ですが安心してください。

ＥＴＦ通信という企業の株やＥＴＦファイナンシャルという銀行の株を買うことだと考えていただければわかりやすいかもしれません。

そもそも、ＥＴＦは「**証券取引所で売買される投資信託**」のことをいい、証券取引所で取引ができるという意味です。つまり、個別銘柄の株を買うことと同様にリアルタイムで売買ができるのです。

証券取引所で売買の対象となることを「上場」というので「上場投資信託」とも呼ばれているのです。

一般に知られている投資信託とは、投資家から集めたお金を専門の機関が運用し、その**運用成果を投資家に分配する制度**です。投資したお金は株式投資と同様、元本の保証はなく、損することもあるので注意が必要です。

専門の機関が運用するので資産を失うほどの損をすることはないでしょうが、**大事な資産を丸ごと他人にまかせるなんて**私には正直理解ができません。

預けた人たちは損することは微塵たりとも考えておらず、儲けることしか頭にないので、銀行や投資信託会社の営業マンに言われるがまま預けているような気がするのです。

そして、損をしたとなれば**豹変し、鬼のような形相で相手を罵ったりする**のです。

かつて、私が街の銀行マンをしていた時も、金利がいいときは笑顔で玄関先まで迎えてくれていた人が、バブルが崩壊した途端、人が変わったかのような人相になった人も数多く見てきました。

投資信託も株式投資と同様に元本割れすることを知らない人、それをきちんと説明しない営業マンがたくさんいるのです。

またETFの特長は、日経平均などの株価指数に連動するので簡単に買えることです。そのほか、TOPIXに連動するもの、NYダウに連動するもの、REIT指数や原油価格に連動するものもあります。

株式と同様に信用取引が可能で、個別銘柄株に比べて**リスクが分散**される効果があり、従来の投資信託よりも**信託報酬が安い**ので、長期投資に適した商品ともいわれています。

ETFと投資信託、どちらも自己責任ですが、損をしたときに納得ができるのはどちらか考えればおのずと答えはでてくるでしょう。

なぜETFがいいのか?

紙くず株にはならない

まず、第一のメリットが、**ストップ高、ストップ安になる可能性が、極めて低い**ということです。

日経平均の株価は東京証券取引所第一部に上場する約２０００銘柄の中から選ばれた２２５銘柄の株価を独自の算出方法で割り出した株価指標です。

２２５銘柄には世界中で有名なトヨタ自動車をはじめ、ソニー、ＫＤＤＩ、小松製作所などの一流企業が採用されています。その２２５企業の指標が連日、ニュースでとりあげられる株価となり、この株価を基準に「上がった、下がった」と市場は賑わっているのです。

だから、日経平均２２５銘柄に採用された全ての企業がストップ安ストップ高にならない限り、日経平均連動型ＥＴＦもストップ安ストップ高になることはないのです。

個別銘柄を購入した場合、常にストップ安ストップ高になる可能性があります。

ストップ高になれば、思いもよらないほどの利益を得ることができますが、反対にストップ安となった場合、翌日も大幅に下げるのではないかと夜も眠れないくらい不安に襲われ、体調を崩す人もいるのです。

実際、私も応援していた**企業の不正が発覚**したことによって、ストップ安になった苦い経験があります。あまりにも大きな事件だったので当然、その日は売り手が圧倒的に多く、売買が成立せずに終了しました。

翌日も寄り付きから、大幅に下落して、恐怖のあまり売買が成立したと同時に売って大損をしました。

今思い返してもゾッとするくらいの恐怖を体験しました。

結局、その後、少しずつ上昇しながら暴落前の株価まで戻りましたが、裏切られた気持ちが強くて、その企業とは縁を切ることにしました。

しかし、**そんな不安はETFで味わうことはありません**。仮にリーマンショック級の世界同時株安が起こっても、ここぞとばかりにETF1570を大量に購入すればいいだけで、先が見えない個別銘柄を買うよりは余程懸命だといえるでしょう。

また、暴落を予想していてETF1357をコツコツと買っていた人は、一気に売って儲けることができるのです。

そして最大のメリットとして、**ETFは破綻によるリスクがゼロ、つまり、日経平均株価を構成している225の企業が同時に倒産しない限り、紙くず株にはならない**のです。

いくら有名な企業でもとんでもない不祥事や事件、あるいは事故を起こせば破綻に追い込まれる可能性は常にあります。

最近では自動車のエアバックを製造していたタカタ株式会社が、欠陥リコールにより一兆円を超える負債をかかえる見通しから民事再生法の適応を申請して、経営破綻となった例があります。

しかし、ETF、とくにここでおすすめしているETF1357と1570は絶対と言っていいくらい破綻はないので、安心して投資ができるのです。

ETFのデメリット
デメリットも知っておこう

日本の株式市場は東京証券取引所、いわゆる東証とよばれている取引所を筆頭に名古屋証券取引所（名証）、札幌証券取引所（札証）、福岡証券取引所（福証）の4つの取引所で成り立っています。

東京・名古屋証券取引所は一部、二部と存在し、この取引所に上場している企業の銘柄を買うことができるのです。

さらにマザーズ、ジャスダック、セントレックス等もあります。

これらは何を意味するのか？いわゆる**企業の格付け**とでもいうのでしょうか、上場するにはそれぞれの証券市場の承認がなければ上場できません。**証券市場の横綱は東証一部**です。東証一部に上場している企業はすべてが一流で株式投資をしていない人でも名前くらいは知っている企業がたくさんあります。

一方で、新興市場といわれているところに上場している企業は新しい会社がほとんどで、失礼ですが社名だけでは何をしている会社なのかもわからない無名企業ばかりです。とくにインターネット関連の企業が多いのですが、有名な企業で言えば**ミクシィ**や**オイシックス**がマザーズに上場しており、**日本マクドナルド**はジャスダックに上場しています。

そして上場するには審査があるのですが、その審査はそれぞれの市場によって様々ですが、一流企業が名を連ねている東証一部よりも新興市場のマザーズやジャスダックの方が審査は緩く上場しやすいのです。

従って、倒産する企業も東証一部に上場している企業よりは多くなります。

しかし、東証一部に上場している企業は優秀で新興市場の企業はそうでないかといわれればそれは違います。

知名度もあり資本金や従業員を何万人と抱えている企業でも倒産する可能性はあるのです。

もっともそのような大企業を倒産させないように、銀行や政府が助けることもありますが、可能性としては十分にあるのです。

しかし、**ETFは倒産して紙屑になる可能性は限りなくゼロ**だということは前項でお話しました。そんなETFにもデメリットがあることはつたえておかなければいけません。

株式投資には**資産を減らすというデメリット**があります。

1000円で買った株が暴落して500円になれば資産の半分を失うことになります。もし100万円分買っていたのなら50万円をドブに捨てたことと同じ計算になります。もちろんETFも例外ではありません。

企業銘柄と同様、ETFも資産を減らすことは十分にあるので、そのことを頭に入れてから慎重にETF投資をしてください。

ETFはこの銘柄を買おう

1357と1570

私がお勧めしているETFは、日経平均が上昇すれば同じように上昇するETFと日経平均が上昇すれば逆に下落するETFです。

日経平均に連動したETFはいくつかありますが、なかでも2倍の動きをする**ETF1357と1570**を紹介したいと思います。

まずは、証券コード1357のETF、正式名称は「**NEXT FUNDS 日経平均ダブルインバース・インデックス連動型**」、もう一方のETFは証券コード1570「**NEXT FUNDS 日経平均レバレッジ・インデックス連動型**」です。

インバースとは「逆」という意味なのでそこにダブルがつくと2倍、つまり、2倍の変動率があるということになるのです。

次に、レバレッジ、そもそもレバレッジとは「てこ」の意味で、少ない資金で大きな金額の取引ができるということからこのような名称になり、2倍の変動率が期待できます。

そして、この2つのETFを上手に売買して儲けていけばいいのです。

だから、買うタイミングさえ間違わなければ確実に儲けることができるのです。

そんなこと当たり前じゃないかと言われそうですが、買うタイミングは個別銘柄よりも数段分かりやすいのがこのＥＴＦの特長なのです。

騰落レシオを筆頭にチャートや空売り比率、円相場などから日経平均の株価が今高値圏なのか安値圏なのかを見極めることだけに集中すれば、より確実に勝てるのです。

しかし、株式投資歴が長い人でもこのことに気付いていない人があまりにもたくさんいるのです。

そのなかで特に私が注目しているのが、日経平均が**上昇すれば下落するＥＴＦ１３５７**の存在です。言い換えれば**日経平均が下落すれば上昇して儲けることができる**銘柄なのです。

残念なことですが、世の中はいいことよりも悪いことの方が圧倒的に多い傾向があります。

例えば紛争。中東では内戦が絶えることなく、たくさんの市民が犠牲になっています。遠く離れた異国のうえ正確な情報も少ないため関心が薄れるのは仕方のないことですが、内戦の影響で原油の価格が高騰すれば、資源の少ない日本の製造業はダメージを受け、利益が減り株価は下落します。その他、**テロや自然災害**など業績とは関係のない理由で株価が下がる可能性が隣り合わせで潜んでいるのです。

ですから、これから株を始めようとしている人は特に、個別銘柄を買うのではなく、ＥＴＦ２銘柄だけを売買して株の流れを見抜く力をつけてほしいのです。このテクニックを**身につけさえすれば手に職を持つことと一緒**で、この先ずっと使えるので、株で損することは極めて低いのです。

一攫千金を狙って**全額投資した会社が倒産すれば、立ち直ることは不可能**と言っていいでしょう。

しかし、このＥＴＦ投資でコツコツと儲けることを積み重ねれば10年後20年後には数倍の資産になっているかもしれません。

銀行に１０００万円預けても1年で数万円しか入りません。しかしこのＥＴＦ投資なら１００万円もあれば年10万円は儲けることが可能なのです。

雀の涙ほどの金利だが確実に増える銀行に預けるか、大儲けはできないがＥＴＦ投資をするのかはあなたが決めることですが、この先、タンス預金と変わらない銀行の定期預金に何十年も預けておくよりも、かなり収益率の高いＥＴＦを選択した方がいいと私は思うのです。

結論を言いますと、35歳以上でコンビニ店員をしているあなたは、**ＥＴＦ１３５７と１５７０の２銘柄**だけを買ってください。

みんなで儲ける投資
個別銘柄との違い

株で儲けるには**安く買って高く売る**のが基本です。

相場を操縦して莫大な利益を生む、**仕手筋とよばれている投資家グループ**は、狙いをつけていた企業の株を少しずつ時間をかけながら買い、ある程度、買い集めると今度は一気に大量の株を買って株価を吊り上げます。

大量の買いが入り株価が急騰するとほぼリアルタイムで上昇率のランキング上位に登場するので、それを見た個人投資家が慌てて買い始め、また別の個人投資家も慌てて買うので株価が見る見る上昇していきます。

そして株価の上昇が落ち着きだしたところで一気に売り抜ける**ずる賢い手法**で利益をあげるのです。

何も知らない個人投資家は、これに騙されると高値で買わされ、安値で売らされるので、くれぐれも注意しなければいけません。

それだけ、**株の世界は危険が伴っている**ことを理解して取引をしなければ、取り返しのつかないほどの損をすることになりかねないのです。

初めて株を始める人には騙されてほしくはないので脅かしましたが、現実として、これは本当にあることなので個別銘柄を買うときは慎重にお願いしたいものです。

しかし、私がお勧めしているETF1357と1570は毎日膨大な金額の取引が行われているので、個別銘柄のように一気に莫大な利益を上げる魅力がないので仕手筋や機関投資家にはうまみがない銘柄ということになります。

だから、この銘柄は上昇トレンド、下降トレンドの波をつかむことだけに集中すればいいだけなので、騙されるリスクは低いでしょう。

人を騙してお金儲けをしても楽しくはありません。

しかし、このETF投資はみんなで儲けることがテーマなので、少額の利益を上げるだけでいいと思っている人にはうってつけの投資だといえるでしょう。

理解できない投資はしない

FX・仮想通貨との違い

ビットコインで有名な仮想通貨ですが、正直、私には全くわかりません。

約1年前、コインチェックによる仮想通貨NEMの流出事件で、芸能人をはじめ、たくさんの人が損害を被りました。

株式投資が主な生業の元衆議院議員、杉村太蔵氏は大阪のあるテレビ番組で、仮想通貨は買っていたのかを聞かれたときに「**仕組みがよくわからない投資はしない**」と言われていました。

私なんて、十年以上、株式投資の経験があるにもかかわらず、いまだにわからないことだらけです。

本書で紹介しているETFもつい最近知ったばかりなのに、仮想通貨のことなど知ろうとする余裕などありませんでした。

以前はあちらこちらで儲かった話を聞きましたが、負け惜しみでもなく、羨ましいとさえ思わずに、普段通りＥＴＦでコツコツと地味に儲ける方法だけを考えていました。

それから日本中を震撼させた事件、これまで儲けていたお金以上の損をした人も数多くいたでしょう。大金を失った人たちには失礼ですが、仮想通貨で儲けたお金は**簡単に儲けることができたので、簡単に失った**だけだと思うのです。

この先また仮想通貨で儲かることもあるでしょうが、また損をするのは目に見えています。そこには経済や世界情勢など関係なくただ、数字が上下するだけのマネーゲームにしか思えないからです。

では、ＦＸはどうでしょうか。

ＦＸも仮想通貨と同様、専門知識がないことに関しては一緒ですが、仕組みについてはド素人の私でも知ってはいるので、ＦＸそのものを仮想通貨と同じ扱いにするのは失礼だと反省しております。

ざっくりとですが、ＦＸを簡単に説明すると外貨を買って両替し、買った外貨の値段が上がれば売って儲ける仕組みです。

つまり、一ドルを１１０円で買って１２０円になった時に売り、10円の利益を得るというとてもシンプルな投資です。だからＦＸに関する書籍は人気があり、これからもたくさんのＨｏｗ Ｔｏ本が出てくるでしょう。
中には丁半の博打だと揶揄する人もいますが、これはれっきとした正統の投資なので、将来、私も勉強してから参加したいと思っています。

仮想通貨とＦＸ、**「知識がない商品には手を出さない」**というのが私の持論でもあるので、それだけの簡単な理由でしないだけです。

それならＥＴＦも同じように知識がないのだから仮想通貨やＦＸと同じじゃないのかと言われるかもしれませんが、ＥＴＦは基本、個別銘柄の株を買うことと同じで専門知識も必要ないので心配はしていませんでした。
約1年ほど前にＥＴＦを知り、それから少しずつ売買を重ねているとつくづく安心安全投資だということがわかってきたのです。

仮想通貨、ＦＸ、ＥＴＦこれらすべてに共通するのは安く買って、高く売ることを基本に儲ける投資です。儲けるためには**情報の収集とデータを記録**することが必要不可欠となります。
あなたが仮想通貨の仕組みを理解し、あなたなりのデータをつくることができれば莫大な利益を得られるかもしれません。

また、ＦＸをとことん勉強して月に何百万円も稼ぐことができるかもしれません。

しかし、今は大儲けを狙わずにコツコツ稼ぐ方法を身に付けることが先決だと思うのです。

まして、コンビニ店員をしながら仮想通貨やＦＸをしていると、そっちばかりが気になり仕事にも身が入りません。

たとえコンビニ店員でも仕事はきちんとしなければいけません。コンビニの仕事もきちんとできない人にはコツコツ稼ぐＥＴＦ投資は不向きだと私は思うのです。


コンビニ店員をキチンとしながらＥＴＦでコツコツ稼ぐ。

ＥＴＦで稼ぐ技術を身に付ければコンビニ店員をしながらでも、今まで以上の収入を得ることができ、将来に希望が持てるはずです。

コンビニ店員になるまで

街の銀行マンからコンビニ店員に

私　こんにちは、○○信用組合の前畑です。
A客　こんにちは、前畑さん。どうぞ。
私　失礼します。

そんなごく普通の挨拶を交わした後、私はいつものように玄関に案内されました。

A客　今日は何の用？
私　はい、来月、満期がくる定期預金1000万円のご案内にお伺いしました。
A客　そやったね。
私　今回もぜひ、ご継続でよろしくお願いします。
A客　それで、今、金利はなんぼですか？
私　はい、1年で4％です。
A客　この前、駅前にある○○銀行のチラシが入ってたんやけど、1年で5％でしたよ。

私　えっ？本当ですか？

A客　チラシとっといたから見せますわ。

そう言ってA客様は冷蔵庫に磁石で貼り付けていたチラシを私に見せてくれました。

私　わぁ、本当ですね。

A客　それでおたくはナンボにしてくれはるん？

私　そこは上司に相談しなければいけないので、今から店に帰って報告した後、すぐにお伺いさせていただきます。

A客　わかりました。勉強したってや。

私　はい、失礼します。

そう言い残して長年の得意先A客様の家を出たあと、スーパーカブに乗って急いで支店へと戻ったのです。

私　ただいま帰りました。

女子職員一同　おつかれさまでした。

そして席にも着かず黒い革のカバンを持ったまま上司の元へ行き、

私　○○支店長代理、今、来月、1000万円の満期があるA客様のところに行ってきたのですが、駅前の○○銀行が5％らしくて、いくらつけてくれるのかと聞かれたので、上司と相談してからもう一度来ますと言って帰ってきました。

支店長代理　う～ん、○○銀行か。こっちにもその情報は入ってるな。

私　どうしますか？

支店長代理　A客様にはこっちも5％つけるって言うとき。

私　はい、わかりました。もし、もっとつけて欲しいと言われたらどないしますか？

支店長代理　その時は5・5％つけてもらえるように私が上司を説得しますからと言うて帰ってきたらええ。

私　わかりました。

今では考えられない金利の会話がバブル期にはあたりまえのように交わされていました。

当時、1000万円を1年間預ければ税引き前で利息が50万円。100万円でも5万円、改めて**異常な時代**でした。

また、定期預金に限らず積立預金の金利も高く、毎月5万円、10万円と預けられるお客様もたくさんいました。

そして、たまたまですがキャンペーン期間中の成績がよかったので、その報酬として人生初めての海外旅行も経験しました。


それから数年後、バブル経済は弾け、私の勤めていた信用組合の存続が危ぶまれる窮地にたたされたのです。

あそこがつぶれるのではないかとの噂が広がり、これまで預けていた預金を解約する人が目立ち始めてきました。

取り付け騒ぎに発展したときに備えて、各支店は本店へ準備金を取りにいくこととなり、当時、本店の近くに住んでいた私も前日に支店の軽自動車を乗って帰り、本店で待ち合わせをしていた先輩とジュラルミンケースに詰められた準備金2ケース（2億円）を軽自動車にのせて支店へ持ち帰ったことを思い出します。

それから数日後、今度は1億円を本店に取りに行くこととなり、

支店長　前畑、明日本店に1億取りに行ってくれるか？
私　はい、そしたら、また○○先輩と本店で合流ですか？
支店長　1億やから、ひとりやな。盗るなよ。がっはっはっ。

1億円を一人で取りに行かせるなんてこれも今の時代では考えられないことですよね。

バブル期に大金を扱うことに慣れていて感覚が麻痺していたのでしょう。

その後、一連の騒ぎも無事におさまり、私は郊外の支店へ転勤となりました。

そこは田んぼや畑があちらこちらにあるのどかな場所で、前支店にはなかった落ち着いた雰囲気の支店でした。

日常の業務は全く同じで、時間が空いたときには1件1件飛び込み営業をして口座開設や定期預金の勧誘をすることが普通だと思っていたのですが、そこは以前勤めていた支店とは異なっており終礼の報告で、

私　今日は集金で10件訪問し、飛び込み営業50件しましたが成果はありませんでした。
先輩　飛び込み営業なんかやってるん？
私　はい
支店長代理　お前らも見習えよ。
先輩　そんなんせんでええのに。誰も預けてくれへんで。
支店長代理　アホ、あんまり大きな声で言うな！支店長に聞こえるやろ。

それから約1年後、吸収合併により名前がなくなりました。

吸収されることにより、店舗削減、人員削減が余儀なくされ、上司をはじめお世話になった先輩もリストラの対象となったのです。

先輩　前畑、俺、リストラや。

私　ホンマですか？

先輩　ホンマや。その代わり35歳以上は退職金多めにくれるらしいわ。

私　先輩が辞めるんやったら私も辞めますわ。

先輩　うれしいこと言うてくれるやないか。退職金ぎょーさんくれるみたいやから、仕事終わったら飲みに行こか。

私　行きましょ。

年齢がリストラの対象になっていなかった私は同僚や当時付き合っていた彼女に引き止められましたが、そうと決めた以上、残るという選択肢は私にはありませんでした。

そして数日後、本店へ行き人事課長と面談をしました。

偶然にも人事課長は最初に勤めていた支店の融資課長でした。

人事課長　次の人、どうぞ。

私　失礼します。

人事課長　前畑君やないか。辞めるんかいな？

私　はい、辞めさせていただきます。

人事課長　リストラの対象は年齢35歳以上やから、辞めんでええのに。

私　はい、お世話になった人たちが辞めさせられるんで、私も辞めることに決めました。

人事課長　そうかいな。決めたんやったら仕方ないな。

私　はい、お世話になりました。

人事課長　次、決まってるんか？

私　いえ、これから探します。

人事課長　そやったら、本店の取引先が近々コンビニエンスストアを始めるらしくて、従業員探してるねんけど、どないや？

私　コンビニエンスストアですか？

あの頃はコンビニエンスストアをコンビニとはいわず、茶髪、ピアスの店員も多く、今以上に社会的地位が低い職業として評価されており、正直、私もバカにしていました。

人事課長　その取引先というのが個人事業主で手広くいろんな事業をやってはる人やねんけど、年頃の娘さんがおってな、ええ人探してるらしいねん。そこに就職して娘さんに見初められたら逆玉やからええと思うてんけどな。

私　すみません。せっかくですがお断わりさせていただきます。付き合っている彼女もいるので。

人事課長　そうかいな。ほな、元気でな。

私　ありがとうございました。

まさか20年後、あれほどバカにしていたコンビニでアルバイトをするなんて、何というめぐりあわせなのでしょうか。

そしていまから5年前、引っ越しを機に現在勤めているコンビニで働くことになったのです。

では、何故、コンビニ店員をすることになったのか。それは当時、私がやりたくない仕事のひとつにコンビニ店員があったからです。

年齢の離れた若者に、タメ口や文句をいわれてもニコニコしている中年男性店員の姿を目の当たりにしたときは「**こんな仕事はやりたくないな**」と思いました。

夕方から深夜まで働いていた倉庫の仕分け作業だけでは稼ぎが少ないので、何か掛け持ちでアルバイトをしようと考えた時、簡単で楽な仕事を選ぶのではなく、**あえてやりたくないコンビニ店員**をしようと決めたのです。

年の離れた若者に横柄な態度をとられたりすることで反骨精神が養われ、自分がやりたいことに一歩でも早く近づくためにこの世界に飛び込もうと意を決したのです。

にもかかわらず、1回目に応募したコンビニで不採用になった時は正直、唖然としました。

今では人手不足で外国人がたくさん活躍しているコンビニですが、たった5年前はそこまで必要とされていなかったのか、違う意味で悔しい思いをしました。

そしてたまたま空きがあったのか近所のコンビニでスタッフ募集のポスターをみかけたので早速電話をして翌日面接を受けました。

オーナー　コンビニ店員やったことあるん?
私　ありません。
オーナー　できるか?
私　はい、やらせてください。

オーナー　とりあえず週1日だけやってみよか。

私　はい。よろしくお願いします。

正直、**コンビニ店員になることですらこんな惨めな思い**をしなければいけないのかと、私のちっぽけなプライドは傷つきました。20年前、コンビニエンスストアをバカにした仕返しが今まさに起こったのです。

後に理解できたことですが、コンビニの従業員はすべての人がまじめだとは限りません。お金や商品を盗んだり、無断欠勤を平気でするなど、経営者はたとえ人手不足で困っていても営業に支障をきたすような従業員を雇ってはいけないので、あえて厳しい言葉を投げかけて反応を試していたような気がするのです。

実際はとても従業員のことを大切に思い、気さくなオーナーなので私が5年も続けられているのでしょう。

それからしばらくの間、週一日だけ働くこととなったのです。
若い客　（おにぎりをポンとカウンターに投げる。）
私　いらっしゃいませ。ポイントカードはお持ちですか？
若い客　……
私　あの、ポイントカードは？

若い客　持ってへんわ、そんなもん。はよせーや！

私　失礼しました。

また別の日には、

私　いらっしゃいませ。ポイントカードはお持ちですか？

年配客　持ってへん。

私　失礼しました。

年配客　マイセン10ミリや。

私　マイセン？

数年前、マイルドセブンの名称だったタバコがメビウスに変更されたのですが、年配のお客様はいまだにマイルドセブンというのです。

年配客　マイセン言うたらマイセンや！

「何やこいつ」私は心の中でこう叫びました。

こういう会話のやりとりがある一方、こちらが話しかけても無反応で、ポイントカードやお金を放り投げたりする人が結構多いことにも驚かされました。

それもスーツを着た会社員や綺麗な格好をした女性にそのような態度をとられると、つくづくコンビニ店員が一般社会では見下されている職業だと身をもって経験したのです。

しかし、このような扱いを受けるのは想定済み、まさに私はこれがほしかったのです。

こういうのが続けば続くほど反骨心が成長すると思えるようになるには少し時間がかかりましたが、前向きに考えないとやってられないのも事実です。


仕事にも慣れ、週1日から週3日の勤務に出世した頃には、冷静な接客と人間観察ができるようになってきたのです。

横柄な態度をとられても感情を押し殺して応対するのは序の口、早朝から通勤、通学の時間帯に勤務しているとおのずと来店者も固定し、好みの商品がわかるようになってくるのです。

何年も毎日欠かさずタバコ1箱だけを買いに来る人、1年間、凍てつくような寒い日でも冷奴を買い続けた色白の男性、長時間両手に持ったメロンパンをじっと眺め、結局買わずに店を出る若いOL、昼食用の弁当と一緒にお気に入りのスナック菓子を必ず買う人、朝からカップ酒を買いに来る主婦など枚挙に暇がありません。

さらに、コンビニはたくさんの情報がぎっしりと詰まったいわば現代社会の縮図のようなところ、流行りの商品はいち早く取り入れ、おにぎりやパン、缶コーヒーとタバコ、酒の販売だけでなくインターネットで購入した商品の受け取りや、発送、何でもできるまさにコンビニエンス（便利）なところへと変わり今後も成長し続けるでしょう。

そのような毎日のなか、いつか成功して辞めてやるぞと心に秘めながらコンビニ店員を続けていました。

しかし、不思議なことにあれほどやりたくなかったコンビニ店員の仕事がいつの間にか楽しくなり居心地がよくなってきたのです。

常連客にはよく話しかけられ、なかには転勤の際、わざわざお礼を言いに来てくれた人もいました。たった数秒間の接客ですがたくさんの人と接することができるのもコンビニ店員ならではです。

しかし、コンビニのバイトと倉庫のバイトだけでは満足のできる収入は得られず、しばらくしていなかった株式投資を再開したのです。

私が株式投資を始めたのは今から10年以上前のことで、図書館で何気なく手に取った一冊の本がきっかけでした。タイトルは忘れましたが、その本の内容は株式投資で月100万円稼ぐことができるといった内容だったと記憶しています。

そのころはアルバイトをしながら将来、独立できるように美容や健康グッズを試作し、少し知識のあった知的財産で権利を取得しようと独学で商標を出願、登録したり、特許庁の審査で援助を受けて健康器具の意匠を登録したりと**目標に向かって着々と準備**をしていました。

しかし、知的財産の権利を取得し商品化が実現しても、それがヒットするとは限らないのです。いくら画期的な発明をしても商品化されない知的財産はごまんとあります。

そんな現実を知り、市場調査もせずに商品化するのは無謀だと判断し、権利は持ったまま商品化できるように試行錯誤を繰り返しながら、温めているアイデアの商品化を目標にアルバイトと株式投資でお金を稼ごうと決めたのです。

そのためにいろんな本を買って読んだり、図書館で借りて読んだりしましたが、なかなか上手くはいきません。そんな勝ったり負けたりする投資ではお金が貯まるどころか僅かな貯金すら減るだけなので、ここは自分で勝てる方法を見つけなければいけないと一念発起、いろんなデータをとることに時間を費やしました。

会社四季報を読んだり、企業のサイトから決算書を見たり、さらにＰＥＲ（株価収益率）やＰＢＲ（株価純資産倍率）、チャートや移動平均線など、ありとあらゆる指標や手法を取り入れてデータを作ったりしました。

しかし、それでも勝ったり負けたりの繰り返し、そんな状況が数年続き、ようやくこの本のテーマとなる**ＥＴＦ（上場投資信託）**と出会ったのです。これも株式投資を始めるきっかけと同じで、図書館で金融投資の本棚に並んでいたＥＴＦに関する本を手に取ったのです。

「ＥＴＦ？何それ？」そこにはＥＴＦについていろいろな種類があること、ＥＴＦで資産を1年で10倍にできることなども書かれていました。そしてＥＴＦについて調べてもちんぷんかんぷんでそこは「習うより慣れよ」で実際に売買したほうが早いと思い、約1年半前から試しに始めることにしたのです。

コンピュータ化される以前は、ハンドサインで売買されていた（昭和 48 年）

PART 2

10～100万円用意してETFを買いましょう

まずはネットトレードができる環境づくり

パソコン、スマホで簡単にできる

株式投資を始めるにはまず証券会社の口座を作らなければいけません。あなたが１００万円を持って駅前にある○○証券の窓口で「**今すぐ株を買いたい**」といっても、鳩が豆鉄砲を食ったような顔をされるだけです。

もちろん、そのあとは親切に説明してくれると思いますが、口座を作り、その口座にお金を入金して初めて上場企業の株を購入することができるのです。

だからこれから株を始めようとしている人は口座を作ることが一番重要です。

口座の開設はお金がなくても作れるので、今、株式投資を始めるための資金がない人でも簡単に作れますし、口座の管理費や手数料もいりませんので将来に備えて持っておくだけでもいいと思います。

株の売買はインターネット取引や、店舗を構えている証券会社の店頭もしくは電話で取引を行う方法などがありますが、今の時代、簡単に売買ができるインターネットでの取引が主流となっているので、これから株式投資を始めようとしている人は、このインターネット取引がわかりやすくていいでしょう。

そのためには**パソコンやスマートフォンが必要**となります。

30代の人はスマホを使い慣れているのでスマホから売買をすることに抵抗はないと思いますが、私のような中高年世代の人にはパソコンの方が使いやすくて便利だと思います。

もちろんパソコンがなくても株の売買はできるので、スマホを持っている人は、あえてパソコンを買う必要はありません。

そしてパソコンもしくはスマホから証券会社を選び、**郵送またはインターネットでの口座開設を選択**します。

郵送の場合は口座開設に必要な書類が数日後ご自宅に送られてきます。

インターネットから申し込みをする場合は、申し込み後数日で取引ができるので、いますぐにでも始めたいと思った人はそちらを選べばいいでしょう。

いずれにせよ、証券口座の開設は必ずしなければいけないので、早めに申し込んでおけば安心です。

証券会社の口座を開設する

証券会社を選んでから口座が開設されるまで

郵送での申し込みを選択した場合、数日後、証券会社から送られてきた全ての書類をよく読み、「**口座開設申込書**」などに記入し、**マイナンバー確認書類および本人確認書類**を添えて返送します。返送から数週間後、証券会社から通知がきたら、口座開設は完了です。

ここで気をつけたいのが証券会社選びです。

私は2社の証券会社の口座をもっており、ETFの売買を専門とした口座と個別銘柄を売買するための口座とを使い分けて取引をしています。

十数年前、株式投資を始めるときに証券会社1社の口座を作ったのですが、その証券会社ではETFが購入できなくて、仕方なくもう一つ別の口座を申し込んだいきさつがあるのです。(その後変更手続きをしてできるようになった)

今ではほとんどの証券会社で取引ができるようですが、これからETF投資を始めようと考えている人はまず、ETFの売買ができる証券会社を選ばなければいけません。

証券会社に直接電話をかけて確認し、その時に口座を開設するときに必要なことや疑問点などを聞いてみると丁寧に応対してくれるでしょう。

ちなみにネットトレードで人気のある証券会社、**楽天証券**、**カブドットコム証券**、**マネックス証券**にETFを取り扱っているか確認したところ、すべての証券会社が購入できるとの回答をいただきました。

証券会社の口座を持っていない人や口座は持っているがETFは買えない証券会社だったという人は、この3社から**手数料などを比較**して選んでもいいかもしれません。

もちろん、これ以外の証券会社でもいいところはたくさんあるので、時間があるときに詳しく調べてみてはいかがでしょうか。

自己資金は100万円用意しよう

預貯金が100万あればそれで十分

これから株式投資を始める人は大事なお金を大手都市銀行に預けていても100万円なら年利0・01％で100円程度しかもらえません。仮に1000万円、新規客限定で金利を優遇されるところに預けたとしても、せいぜい0・5％、たったの5万円（税引き前）です。

銀行に預けていれば仮に破綻したとしても預貯金1000万円までと僅かな利息は保護してくれるので、あなたの大切なお金を減らすことはありません。（**ローリスクローリターン**）

株式投資では1年で5倍、10倍に暴騰する銘柄もあります。しかし、半分になることもあるのです。（**ハイリスクハイリターン**）

そんな中間的な位置に存在するのがＥＴＦ投資なのです。

少なく見積もっても年5万円はほぼ確実に儲けられるし、5倍10倍の大儲けはできないが、2倍ならあり得る、そんな投資だと思ってください。（**中リスク中リターン**）

あなたが今、35歳以上で独身なら預貯金は1000万円以上、あるでしょう。なかにはコンビニ店員をする前に貯めておいた数百万円を切り崩しながら生活をしている人もいるかもしれません。

または生活費を節約しながら将来に備えて、コツコツと銀行に貯蓄している人もいるでしょう。

そこで、銀行に1000万円以上のお金を預けているのなら、大儲けはできませんが預金利息よりは何十倍も儲けることができるＥＴＦ投資に**貯蓄の一部**を回してみませんか。

証券会社の口座を開設していれば、ＥＴＦ投資に必要な資金をあなたの銀行口座から証券会社の口座へ振り込み、入金が確認されればすぐに買うことができます。

初めて株を買うときは誰でも緊張するので、試しに20万円から30万円**（貯蓄額の三分の一以内）**振り込んで、売買に慣れてくれば徐々に投資額を上げていいかもしれません。

そこで注意しておきたいのが**株の売買にかかる手数料**です。

これからコツコツと儲けるあなたにとって手数料は大きな課題です。

手数料は証券会社によってまちまちなのでインターネットから情報を収集して、あなたにとって使いやすそうな証券会社を選べばいいのではないでしょうか。

これで１００万円以上持っているあなたは、その一部をＥＴＦ投資に運用することを決断したはずです。

はじめは慎重に少額の投資からスタートして、日経平均が暴落または上昇したときに利益を上げればいいのです。

暴落した時には、それまでに買っていたETF1357を数回に分けて売って利益を出し、ETF1570をコツコツと買いながら、今度は日経平均が上昇するのを待てばいいのです。

従って、日経平均の上下で利益を上げることを一年で数回繰り返せば、**年間100万円の利益を上げることも不可能ではない**ので、投資資金はできれば100万円、最低でも50万円は準備しておきたい金額です。

投資資金が多ければ多いほど年100万円儲ける確率は当然高くなるので、預貯金が300万円以上ある人でも、最初からいきなり全資産は使わずに、はじめは三分の一程度の100万円からスタートして、儲けるコツをつかむことができてから投資額を増やせばいいのではないでしょうか。

儲けは少ないが、10万円あればできる
1000円ちょっとでできる投資

「**貯金100万円もないよ**」という人もいるでしょう。

35歳以上でコンビニ店員をしているので貯金がない人がいても何ら不思議ではありません。

お金は十分にあるけれど、毎日することがなく暇で、認知症の予防のためにコンビニで働いているという35歳以上のコンビニ店員（オーナーまたはオーナー家族は除く）がいれば、いますぐにでも会いに行きたいくらいです。

しかし、何らかの理由でコンビニ店員をしている35歳以上の人たちに貯金があるほうがおかしいと言われるかもしれません。

とはいえ、このまま何の目標もなくコンビニ店員を続けていても**明るい将来は見えてはきません**。

それならたとえ10万円からでもはじめることができる投資をしたほうが希望がもてるのではないかと私は思うのです。

私がおすすめするＥＴＦ１３５７は**一株１０００円ちょっとで購入ができ**、もう一方のＥＴＦ１５７０も一株2万円前後で買うことができるので、10万円あれば十分にできる投資です。

だから、貯金が１００万円ない人でも諦めずに10万円を投資に回せば儲けるチャンスは必ずあります。

わずか10万円でも年１・３倍で増やしていけば**10年後には１００万円**、年2倍なら**7年後には１０００万円**に増やすことも可能性なのです。

もし10万円すらない人がいれば身の回りの生活環境を変えることで10万円捻出できるかもしれません。

例えば、タバコを毎日1箱吸っている人なら、1年足らずで10万円は簡単に用意できます。1箱1000円の時代もそう遠くはないでしょうし、35歳を越えたなら健康のことも心配しなければいけません。これを機にタバコをやめることができれば一石二鳥です。

車を持っている人で週1回ぐらいしか乗らない人は愛車を売って、レンタカーを活用することで、税金や駐車場代、保険代がゼロになり10万円どころか100万円以上手に入れることができるかもしれません。

今ではコインパーキングを運営している会社がレンタカー業務も行っているので、車がなくても会員になればすぐに借りることができます。


また、メルカリなどで身の回りのいらない物や掘り出し物を売り（メルカリの達人　著者泉澤義明）、ブランド物のバッグや時計、宝石などを買い取ってくれるショップに売りに行き、その場で現金をもらうこともできます。

さらに一人暮らしをしている人なら今よりも家賃の安いアパートに引っ越したり、外食は一切せず自炊にして食費を削り、実家が近くなら一人暮らしをやめるなど、**できることは必ずあ**

るので一度見直しましょう。

基本は下落した時に儲ける方法

残念だがいいことよりも悪いことの方が多い

ニュースを見ていると、いいことよりも悪いことのほうがよく報道されているように思えてなりません。

悪いことのほうが、インパクトがあるのでそう感じるのかもしれませんが、世界中では連日、いろんな悪いことが起こっているのも事実です。

戦争をはじめ、テロや暴動、内戦、クーデターなど、私たちが知らないところで知らないことが多発しているのです。

そんな日常のなか、株式市場ではたくさんの銘柄の株価が上下を繰り返し、**「原油価格が上がった、下がった」**、**「ある大国とある大国との間に貿易摩擦が生じた」**、などの情報に振り回されています。

このようなことが原因で株価が上がることよりも下がることの方が圧倒的に多いのも事実で

す。

政府日銀は意地でも株価を下げまいとあらゆる対策を講じています。

しかし、私は目先の誤魔化しにしか思えないのです。この歪みが数年後に現れるのはわかったうえで行っているのでしょうか。

そのようなことを考えているとやはり悪いことが起きた時のために備えた投資がいいのではないかと思ってしまうのです。

これまで個別銘柄を買っていた経験上、優良ですばらしい企業もたくさんありますが、隠蔽や不正を平気でする企業がいつの時代も後を絶たないのが現実です。

そのために**大切な資産を守りながら儲けを出す**という考えでこのＥＴＦ投資をしていただきたいのです。

このＥＴＦ投資は単純で初心者はもちろんのこと、投資歴が浅い人や株式投資で利益を上げられない人、そしてコンビニ店員にはぴったりの投資なのです。

PART 3

ETFで年100万円稼ぐ

月6万円稼ぐには

ETF1357と1570で2倍のチャンス

ETF投資で月3万円稼ぐ方法はPart1でおわかりいただけたと思うので、次は2倍にあたる月6万円を稼ぐためのテクニックを紹介します。

単純に**投資額を2倍にすれば稼げる金額も2倍になる**のでこの方法が一番簡単でわかりやすいのではないでしょうか。

ですからあなたは100万円ではなく200万円用意しましょう。これでこの問題は解決です。

そんなことを言えば、いきなり石ころが飛んできそうですが、そこは軽い冗談として受け流して下さい。

冗談はさておき、月3万円稼ぐ方法はETF1357をコツコツ買って、日経平均が暴落した時に売って利益を上げることを基本としています。その方針は月6万円稼ぐ場合も同じです。

日経平均が高値圏で推移しているときにETF1357をコツコツと100万円分買い、**日**

経平均が暴落した時に利益を上げる方法で月3万円儲ける説明はしました。

今回のテーマ、月6万円稼ぐ方法は、月3万円稼ぐ方法と同様、日経平均が高値圏で推移しているときにＥＴＦ１３５７をコツコツと１００万円分買うのではなく、50万円分をコツコツと買っておき、3万円の利益が確定してから、ＥＴＦ１５７０をコツコツと買うのです。

ＥＴＦ１３５７を売った時の**騰落レシオや空売り比率、チャートや移動平均線**からある程度の予測はできるので、多少の誤差はありますが安値付近でＥＴＦ１５７０を買うことは可能です。

このケースでは高値圏で推移していた日経平均が下落したことによって利益を得ることができたのですが、このまま、さらに下落して日経平均が安値圏まで下がる可能性も否めません。しかし、少なくともＥＴＦ１３５７を売って3万円は利益を確保しているので、その後、日経平均が反発するかさらに下げるかを予想するだけでいいのです。

仮に3万円儲けた途端、ＥＴＦ１５７０を50万円分一気に買ってしまえば、そこから日経平均が下落した場合、かなりの損をすることになります。

マイナス3万円以内におさまれば、そこから上昇した分は利益を取り戻すことができ、さらに買った株価よりも上昇すれば3万円プラスアルファの利益を生むことができます。

しかし、予想に反して3万円のマイナスからさらに4万円、5万円と損することも考えられます。

そのためにコツコツ投資が重要で**一日約5万円分を10日買う**ことでリスクが減り、さらなる暴落が起きてもダメージは軽減されるのです。

月3万円稼ぐケースでは、あなたが買ったETF1357の株価が上昇し（日経平均は下落）、狙い通り3万円以上稼ぐことができれば、次はETF1357が購入した時の株価まで下がる（日経平均は上昇）まで待つことを基本としています。それは月6万円稼ぐ場合も同じです。

2、3か月じっくりと待ち、ETF1357をコツコツと買いながら再び日経平均が暴落した時に儲ける方法が理想的ですが、あまりにも日経平均が安すぎると判断した時は、ETF1570を買ってもいいと私は思うのです。

そのために50万円で様子をみながら、売るタイミング、買うタイミングを考えておけばいいのです。

株式投資の世界では、まだまだ上がりそうだと思って買った途端に下がることはよくあります。

せっかくＥＴＦ１３５７を売って3万円儲けたのに欲を出し、ＥＴＦ１３５７の株価が下がる（日経平均は上昇）まで待ちきれずに買ってしまい、そこから日経平均が勢いよく上昇すれば3万円以上損をして、これまでの努力が水の泡となり消えるのです。

それならＥＴＦ１３５７が下がる（日経平均は上がる）まで待つのではなく、日経平均が上がる時に同じ動きをするＥＴＦ１５７０をコツコツと買って儲ければいいのです。

すなわち**片道で儲けるのではなく往復で儲ける**のです。

そのためにＥＴＦ１３５７とＥＴＦ１５７０それぞれに50万円を投資するのです。

ＥＴＦで年１００万円稼ぐ
信用取引を活用すれば１００万も夢ではない

ここ直近の日経平均の最安値は２０１７年の9月8日に付けた1万９２３９円です。

日経平均が下がると上昇するＥＴＦは１３５７で、日経平均が上がれば同じように上げるＥＴＦは１５７０ということはもうおわかりですよね。

そうすると、もしその時に**日経平均は安すぎる**と感じてＥＴＦ１５７０を２０１７年9月8

日に安値の1万4700円で約100万円分68株買ったとしましょう。
その後、予想通り日経平均はぐんぐんと値を上げ、あなたが買っていたETF1570も当然、上昇しています。

翌月には2万1000円を軽く突破し、2万2000円も視野に入るほどの驚異的な上昇が起こっていました。

騰落レシオも過熱状態の120%を優に超え、このまま2万3000円2万4000円もあるのではないかと思わされるような暴騰が続きました。

そこで冷静に考えたあなたは、11月9日の日経平均の高値と同時にETF1570を全部売ったとします。
その日のETF1570の高値は2万1990円なので2か月で50万円近くの利益をあげることができたのです。
そして次は日経平均が上昇すれば下がるETF1357を同じく11月9日の安値1226円で約100万円分815株、信用取引で買います。（信用取引については次章で詳しく説明します）

日経平均がこのまま上昇するにせよ、一端は調整で下落することを想定し、11月16日にETF1357がつけた1387円の高値で売却、13万円ほど利益を上げることができました。

すると今度は日経平均が下がれば同じように下げるETF1570を信用取引でその日の安値、1万9410円を約100万円分51株購入します。

翌年の**1月23日、日経平均は約26年ぶりの高値2万4129円**をつけました。

この異常なまでの上昇に信用取引で買っていたETF1570を全株売った場合、高値が2万3320円なので、約20万円利益をあげることができた計算になります。

この地点ですでに約80万円以上、ETF1357とETF1570の売買だけで儲けることができたのです。


ETF1570の高値イコールETF1357の安値ということになるので、1月23日にはETF1357が安値で買うことができたというわけです。

ETF1357を1135円で881株、約100万円分購入、あとは日経平均のチャートを見れば一目瞭然、2月6日の大暴落まで待ち、その日の高値1461円で売却すれば29万円近く儲けることができたのです。

２０１７年９月８日から２０１８年２月６日までの約５カ月で、**ＥＴＦ１３５７とＥＴＦ１５７０のたった２つの銘柄で信用取引を活用すれば１００万円以上利益**を出すことができるのです。

もちろんこの利益からは手数料や税金が引かれるので実際はこの金額よりも少なくなりますが、さらに2月6日以降、２か月近く乱高下した期間に参戦していれば、実質１００万円以上の利益を生むことができたことになります。

これはあくまでも、ＥＴＦ１３５７とＥＴＦ１５７０を安値で買い、高値で売ったケースを想定して紹介したので、こんな神業のような売買はどんなに一流のトレーダーでもできませんが、これだけの期間で儲けることが不可能ではないということを知っていただきたかったので、あえて実際の株価を振り返りながら説明させていただきました。

近い将来、あなたがＥＴＦ投資で、年１００万円稼げるようになっているかもしれませんね。

1年間の売買スケジュールをたてる

自分の好きな月、嫌いな月で決めるのも面白い

あなたは日経平均株価連動型のＥＴＦ１３５７とＥＴＦ１５７０の２銘柄だけを買って、年１００万円の利益を目指します。

何度も言いますが、日経平均が下落すれば上昇するＥＴＦ１３５７と日経平均が上昇すれば同じように上昇するＥＴＦ１５７０を買うタイミング、売るタイミングが生命線となるので、この波に上手く乗ることだけに集中しなければいけません。

そこで**年2回もしくは3回の私が決めた大暴落（日経平均が８００円以上下落）に備えること**が重要になります。

騰落レシオ、日経平均の上値と下値、地政学リスク、政治、世界情勢などを今日から１年間予想してください。

例えば**1年に2回８００円以上の大暴落がある**と予想すれば、何月と何月に大暴落すると決めておくのです。

決め方はこう、世界情勢の雲行きが怪しくなり、１月には世界経済の先行き不安の影響によっ

て日経平均の大暴落があると予想します。

2回目はその6か月後に設定、今回は7月になります。

そしてあなたが決めた**大暴落の月1月と7月の右横にそれぞれ大暴落と記入し、続けてその右横に80％**と記します。

その**3か月後にあたる4月と10月の右横に大暴騰、その右横には120％**と記入するのです。これで1年間の予想の半分は決定したことになります。

この**80％と120％は何を意味するのか**。

これは私がETF投資をするなかで**最も重要な指標のひとつである騰落レシオ**のことなのです（騰落レシオについてはPart6で説明します）。

騰落レシオが判断基準の**120％以上の過熱状態か80％以下の底値状態**かで日経平均株に連動するETF1357とETF1570を売買するので、あなたが予想した暴落の月、1月と7月の右横に80％、その3か月後に120％と記入したのです。

いくら何でも日経平均株価は2万5000円がピークと思えば騰落レシオ**120％の横に25000円と記入**、反対にいくら暴落が起きたとしても2万円を割り込むことはないだろうと思えば、**騰落レシオ80％の横に20000円**と記入するのです。

予想した暴落月と暴騰月の間、各2カ月にも、騰落レシオと日経平均の株価を同じように予想して記入し、その書いた紙をあなたの部屋に貼っておき、毎日見ながら予想通り株価が動いているのかチェックするといいでしょう。

もちろん、そんな簡単に予想していたように株価は動きませんが、ある程度の期間が過ぎれば何かしらの動きがあると警戒（特に暴落）する心の準備ができるので、試しにやってみてもいいのではないでしょうか。

そして現在の**日経平均が下落から上昇した位置か、それとも上昇から下落した状態なのかを見極め**、あなたが決めた上値か底値の位置に近づいていれば、毎日少しずつどちらかのＥＴＦを買えばいいのです。

ちなみに私は年2回の大暴落は2月と8月にやってくると予想しています。（翌年は変わっているかもしれませんが）

ですから、2月に日経平均が自分の設定した株価よりも高くて、騰落レシオも１２０％付近で推移していたならコツコツとＥＴＦ１３５７を買って、暴落時に利益を上げる準備をするのです。

そして暴落した時に一気に売却して、日経平均が自分の設定した株価よりも低く、騰落レシオは80％付近ならば、今度は日経平均と同じように上昇するＥＴＦ１５７０をコツコツと少額ずつ買うようにしています。

その後、日経平均が上昇したところで一気に売り、ここでも利益を上げられるようにするのです。

同様に8月にもこの方法を当てはめることができます。

ぜひ参考にしていただきあなたの株式市場年間予想スケジュールをたてましょう。

自分だけのルールは必要

いつも勝てるとは限らない

株式投資をする上でよく言われているのが買った時の株価が10％上昇すれば利益を確定して売り、10％下落すれば損切りして売るといった決めごとです。

私も株式投資を始めた頃はこのルールを守っていたのですが、損している時はなかなか売ることができなくなってくるのです。

いわゆる**塩漬け状態**なのですが、この先上昇すると思って買った企業の株価が下がることに納得できず、そのうち上がるだろうと期待しながら時間が過ぎマイナスが膨れ上がっても持ち続けてしまうのです。

その点、日経平均はしばらく下落しても調整で一度は上昇する傾向があります。たとえこの先下げ続けても現状では2万円前後が底だと予想できます。

その時にETF1570を買えばいいだけなので、いつ上がるかわからない企業の株を持ち続けるよりかは安心です。

しかし、日経平均が2万5000円まで上昇したときにETF1570を買っていた場合、

2万円まで下落すればかなりの損失です。そこで損切りして売るか、上がるまで持ち続けるかはあなたが決めなければいけません。

10％下落した時に売っていれば損失も最小限に抑えることができたでしょう。5％下落した時ならもっと傷が浅くて済んでいたはずです。

だから損失を少なくするために、**自分だけのルールは作っておかなければいけない**のです。

日経平均が2万5000円に達し、さすがに上げ過ぎだと思って日経平均とは逆の動きをするETF1357を買った途端、3万円まで跳ね上がってしまえば、これもまたかなり損をすることになります。

「そんなことありえないよ」という人が大多数だとは思いますが、何が起こるのかわからないのが株の世界です。

売る時のルール、買うときのルールさえしっかりと決めておけばたとえ損をしても納得ができるのです。

もし私がETF1570を日経平均が2万5000円の時に買っていたとしたら、2万円まで下がっても持ち続け、損はしますが2万3000円前後まで戻した時に売るでしょう。

また、ＥＴＦ１３５７を日経平均が２万５０００円の時に買っていたなら、３万円まで上昇しても損切りせずに、利益を上げるまで持ち続けるはずです。

なぜなら、それは**私だけのルール**があるからです。それが正しいか間違っているかは損をしたときに自分で判断すればいいので、正しければもっといいルールを作り、間違っていればまた別のルールを作り直せばいいのです。

そうして試行錯誤を繰り返し、あなたオリジナルのルールが完成すれば、**一生の宝**となるのです。

ローソク足はこれくらい覚えておこう
基本だけ知っていればそれでいい

ローソク足は、**分足**、**日足**、**週足**、**月足**があり、パソコンやスマホの画面にかじりつき、一日何十回も買っては売りを繰り返すデイトレードには1分足や5分足が必須アイテムです。

一日に何億円、何十億円と動かしている機関投資家やその一種でもあるヘッジファンドは1円単位の値動きで売買を重ねて利益を出すので、分足がいいのかもしれませんが、本書で紹介する日経平均株価連動型のＥＴＦ投資では**月足を軸にして考えながら、日足を取り入れて売買**

するので分足は必要ありません。
仮に、１００万円の投資額でチマチマ売買しても手数料がかかり、それ以上に疲れるだけなので、ＥＴＦのデイトレードは割に合わないことにいずれ気が付くでしょう。

ＥＴＦを買うときは、コツコツと10日間ぐらいに分けて買い、上昇した時に3〜5回に分けて売る手法なので、分足のローソク足で売買する投資は向いていません。
しかし、分足、日足、週足、月足のすべてが同じ条件で作られるのがこのローソク足なので基本ぐらいはしっかりと覚えておきましょう。

ローソク足は**始値**、**高値**、**安値**、**終値**で形成され、始値よりも終値が高ければ白塗りのローソク足、反対に始値よりも終値の方が安ければ黒塗りのローソク足となり、白塗りが続けばこの先も上昇する可能性があり、黒塗りが続けば一層下落し続けるかもしれない目安となるのです。
また、ローソク足には髭とよばれる線があり、**上に伸びている線は上髭、下に伸びている線は下髭**と言われ、上髭が長ければ始値から勢いよく上昇した株価がその後、大きく下落したことを示し、下髭が長ければ始値からぐんと下げた後、反発して大きく上昇したことを意味します。

長い下髭が続けば、安いと判断した人たちが安値で買い集めているサインで、この先上昇する確率が高く、長い上髭が続けば、この時点での株価は割高だと判断した人たちがたくさん売っているので勢いがなくなったサインだと考えることができます。

ですから、ETF投資をするときは日足のローソク足に注目して、白塗りが続いているのか黒塗りが続いているのかぐらいで見ておけば十分なのです。

移動平均線で判断する

2種類の移動平均線で予測する

日経平均連動型のETFを買う場合、日経平均の流れをよく観察しておかなければいけません。

そのためには様々なテクニカル分析が必要となります。

移動平均線はテクニカル分析には欠かせない重要な指標のひとつで、実際、多くの投資家が用いています。

移動平均線とは、ある一定期間の価格から平均値を計算して、折れ線グラフに表したものです。日足チャートなら5日線や25日線、週足チャートなら13週や26週の移動平均線が一般とされています。

また、**短期移動平均線が長期移動平均線を下から上に交差した状態をゴールデンクロス**といい、上昇するサインとされているのですが、長期移動線の向きによって強いゴールデンクロスなのか弱いゴールデンクロスなのかで違ってくるので絶対とは言い切れません。

長期移動線が上向きなら強い上昇が期待でき、横向きや下向きなら弱いと判断されがちです。

一方、**短期移動線が上から長期移動線を交差した状態をデッドクロス**といい、売りの目安とされています。

これも長期移動線が下向きなのか、横向きなのかで判断が分かれるので、安易に頼りすぎてもいけません。

ETF1357で利益をあげる場合は、日経平均の短期移動平均線が長期移動平均線を上から下へ交差するデッドクロスが歓迎され、この先、日経平均が下落すると予想できます。

逆に短期移動平均線が長期移動平均線を下から上に突き抜けるゴールデンクロスが形成されれば、ETF1357は下落するのでETF1570を買っていれば利益が期待できます。

このように移動平均線は日経平均の先を予測するにはとても参考になるのでETF投資にははずせない指標です。

チャートとトレンドラインで予測する

トレンドラインはプロでも難しいとのこと

チャートとは株価をグラフ化して見やすくしたもので、1日、1週間、1カ月等あり、それぞれのチャートが**短期、中期、長期投資の参考**として採り入れられています。

もう一つのトレンドラインは、**チャート上の安値と安値または高値と高値を結んだ線**のことを指すもので、安値と安値を結んだ線が上を向いていれば**上昇トレンド**、高値と高値を結んだ線が下を向いていれば**下降トレンド**といわれるテクニカル指標の一つです。

株価はある程度の波を繰り返しながら上昇したり下落したりします。

チャートを見ればわかりますが滑らかな波をクネクネ描きながらトレンドを形成しています。大中小様々な波がありますが、その波の先を予想しながら投資家は株を買っているのです。

ジグザグで上げ下げを繰り返すような波はほとんどなく、あったとしてもそのような株は投資歴の長い人でも先が読めませんし、マネーゲームの対象となるだけです。

値動きの激しい銘柄になると1週間ぐらいジグザグで変動することは、たまにありますが、大きな材料がない限り株価が激しく変動するようなことは、めったにないと考えていいでしょう。

仕手筋が仕掛けていきなり上昇することもありますが、そのような銘柄に素人の私たちが出会っても**手をださないほうが賢明**です。

また、日経平均もNYダウの激しい動きや政府や日銀の大胆な発表がない限り、大幅な値動きはなく、ある程度緩やかな波を作りながらトレンドに沿った株価で推移します。

そこであなたは現在の日経平均が**上昇トレンドなのか下降トレンドなのか**を見極めなければいけません。

チャートをみて安値圏をウロウロしながら小さな波を打ち、少しずつ上昇しているのであればこの先しばらくの間は上昇する可能性が高いと予想できるし、高値圏で前日よりも安値で終わる日が続き、波も下を向くような形になっていれば、さらに下落する可能性が高くなることが予測できるようになります。

しかし、これはあくまでも予測にすぎず、一説によると**トレンドラインはプロでも見極めが難しい**とさえいわれているのです。

ですからトレンドラインだけで判断するのは危険ですからほかの指標と照らし合わせながら

売買しなければいけないでしょう。

最初は必ず少額で
このルールは厳守しよう

私が推奨しているETF投資はリスクをできる限り減らしたいので少ない金額でコツコツと買う投資方法となります。

従って、ドカンと買って一気に儲ける投資方法が自分には合っているという考えの人はこのETF投資は不向きなのかもしれません。

このETF投資は儲けが少ないのでできるだけ一番安いときに買うことに全神経を集中させてなければいけないので、ETF1357を買う場合は騰落レシオが110%を超えた頃（日経平均が上昇している）から少しずつ買う準備をしていきます。

そして買い始めてから数日後にドカンと下げた（日経平均は暴騰）ところで一気に買えば安値付近で買えた計算になるので、**コツコツ買いは守ってほしい**ルールです。

あなたの投資資金100万円の半分50万円を騰落レシオの基準となる100%から少しずつ上昇し、120%の過熱状態に近づいてきたころから**毎日約5万円分ずつ買えば10営業日、買い続ける**ことができます。

そして買い終われば後はじっと待つだけ。日経平均の暴落を待てばいいのです。

その間さらに日経平均が上昇し、騰落レシオも140%150%になれば残りの手元資金50万円をまたコツコツとETF1357につぎ込んでもいいでしょう。

なぜかと言えば騰落レシオが160%まで上昇することは考えられないからです。たとえ上昇したとしても数日以内には必ず調整が入るはずです。

それから数週間以内に日経平均が下落すれば、日経平均の株価と騰落レシオとを参考にしながら数回に分けて売ればいいのです。

ETF1570を買うときも同様、騰落レシオが売られすぎ状態の80%に近づいてきた頃から1日約5万円分をコツコツと買い、100%を超えたころから売る準備をしておき、ある程度利益が確定すれば早めに売ればいいのです。

結論としては、ETF1357、ETF1570どちらも買うときはコツコツ買いで、売るときは一気に数回に分けて売れば、より確実に稼ぐことができるでしょう。

ちょこちょこ買いで一気に儲ける

売るときは躊躇しない

私がおすすめしているETF1357とETF1570は資産を10倍にするほどの魅力的な銘柄ではありませんが、コツコツと少額買うことで、**負けない投資が**できるのです。

これから株式投資を始めようとしている人や投資歴が浅く、なかなか利益を上げることができない人は、難しくて読み方すらわからない会社四季報を買い、掲載されている企業の業績を調べることにお金と労力を費やす傾向がありますが、(以前の私のことです)ETF投資はただ、**日経平均が上がるか下がるかを予測**するだけでいいので楽にできる投資といえるでしょう。

例えば日経平均が2万4000円から2万3000円まで下落したとき、あなたがもっと下落するはずだと思えば、日経平均とは反対の動きをするETF1357を約5万円分ずつ、毎日ちょこちょこ買えば10日後には約50万円分の株を保有することになります。

あなたの予想が的中し、日経平均が2万2000円まで下落すれば、ETF1357は上昇するので儲けることができます。

買うときは一日の投資額5万円ぐらいをちょこちょこと買えば、リスクを減らせるので有効ですが、売るときは数回に分けて一気に売ることをお勧めします。

できれば2、3回、多くても5回までには全株売っておきたいところです。

「売りは早かれ買いは遅かれ」と言われるように、売るタイミングは難しいうえに短く、あっという間に終わるので、利益が出た段階で売る準備をしておき、もっと上がりそうな雰囲気の時に躊躇せずスパッと売ることを徹底してください。

結果、さらに株価が上昇して儲け損ねることもありますが、この先何十回、何百回と儲けるチャンスは巡ってくるので、あせらず、欲を出さずにETF投資を楽しんでください。

10年後1億円を目指して
目標は高く持った方がいい

では、10年後、1億円まで増やすことは可能なのでしょうか。

正直、メチャクチャ難しいですが、宝くじで1億円当選するよりかは簡単だと断言できます。

要は、**100万円からスタートした手元資金を毎年2倍**に増やせばいいだけで、順調にいけば**7年後には1億円を突破**するのです。

7年後、1億円を手に入れ、贅沢はほどほどに抑え、欲を出さずにコツコツとETF投資を続ければ、35歳以上のコンビニ店員に限らず、一生安泰に暮らしていけるでしょう。そんな最終目標を目指すのも夢があっていいじゃありませんか。

これまでどおりコンビニ店員を続けていても1億円プレーヤーにはなれません。

毎日毎日、仕事に追われ、再就職活動もできないまま、ただ、時間だけが過ぎていき、人生を諦めかけている人もいるでしょう。

中には大きな夢を抱き、地道に努力をしながらチャンスを待っている人もいるはずです。そんな人たちにもたとえ1%でも**1億円を手に入れる夢**を持っていただきたいのです。

何事においても高い目標を掲げることはいいと言われています。

夜、寝る前に、鏡に映った自分に「○○になるぞ」と宣言し、朝、目覚めたあと鏡へと向かい、**「○○になったぞ」と言い続ければ、願いが叶う**ということを聞いたことがあります。

一種の自己暗示ですが、何も考えず、ただ眠いからというだけでベッドや布団に入るよりかはやってみる価値はあるかもしれません。

実際、私もこの本を出す1年前から、寝る前には必ず「本を出すぞ」と鏡に向かって宣言し、起きてすぐ鏡に向かって「本を出したぞ」と言い続けていました。

そして出版が決まったあとは、「5万部達成するぞ」と言ってから眠り、起きた後は「5万部達成したぞ」と言ってから、コンビニへアルバイトに行っています。

有名人なら初版でも5万部達成することはあるでしょうが、無名の中年コンビニ店員がそんな大それた目標を持つなんて「ふざけるな」と言われるかもしれませんが、目標を持つことはだれにも迷惑をかけないので、勝手に楽しんでやっています。

あなたにも私と同じことをしろとまでは言いませんが、目標を持つことだけは忘れないでほしいのです。


「ETFで1億円手に入れるぞ」と言ってから眠り、起きて**「ETFで1億円手に入れたぞ」**と言い続ければ、叶うかもしれません。いや、叶うと信じましょう。

1億円を目指せば、1千万円、2千万円は通過点です。しかし、1千万円あれば起業することもできます。

あなたがこれまでの経験を生かしてコンビニのオーナーになることもできるのです。店舗を増やしていけばETF投資をしなくても生涯現役で暮らしていけるでしょう。

また、1億円稼いだらスパッと投資をやめ、半分の5000万円で生活をしながら残り半分の5000万円は元本割れしない国債を買ったり、あれほどバカにしていた低金利の定期預金に預けてもいいかもしれません。

いずれにせよ、贅沢さえしなければ残りの人生は悠々自適に暮らせるでしょう。

そのためには、最低でも**1億円は目標にしていただきたい金額**なのです。


いまからETF投資で10年後10億円稼ぎましょうと言っても現実的ではありません。

1年目で1億円儲けられなかったら、そこでほとんどの人は諦めるでしょう。ただし、1億円なら何とかいけそうな気もしない金額で、夢のある金額でもあるので、1億円を目指すのが一番いいと思うのです。

波乗りをするように売り買いする
小さい波より滑らかな波に乗る

サーフィンをしている光景を見ると大きな波がゆっくりと弧を描き、その波に乗って岸に向かっていきます。

株価もサーフィンをするときの波のように**ゆっくりと弧を描きながらチャートが形成**されます。

特に日経平均は年に数回の暴落がない限り、ゆっくりと上昇したり下落したりするのです。ですからあなたがＥＴＦを買うときは波乗りをしているようにゆっくりと買いながら波が頂点に達した時に売り、再びうねりが出た頃に買う方法をとればいいのです。

年数回の暴落がくる前に、準備をしておき、騰落レシオを中心とした、いくつかの指標と照らし合わせながらＥＴＦ１３５７を**コツコツと毎日のように買っていき、50万円分購入すれば**波を待つだけでいいのです。

波待ちをしている間に日経平均が上昇し、騰落レシオや空売り比率も上昇すれば、目先の株安が期待できるので、追加でＥＴＦ１３５７を買うことも視野にいれ、利益が確定すれば数回に分けて売ればいいのです。

しかし、投資を始めた頃はゆるやかな波が待ちきれずに小さな波に乗ろうとする傾向があります。かくゆう私も経験済みですが、**小さい波ばかりに乗ろうとすると、ゆるやかな波が来た時に乗り遅れてしまう**のです。

それはサーフィンと一緒でいい波の乗り方を知らなかったからです。

岸辺でちょこちょこと小さな波に乗っていても上達はしません。

それならたとえ波にもまれても沖に出て、中ぐらいの波に挑戦した方が技術は磨かれるのです。

ＥＴＦ投資もサーフィンをするときのゆるやかな波に乗れるように心掛けましょう。

保険としての信用取引
絶対に損はしたくないあなたへ

株式投資をしていてよくあるのですが、株価が上昇して売った後、さらに上昇して儲けを少なくしてしまうことです。

そんなときは悔しい気持ちになりますが、たとえ1円でも儲けられたのなら、それはあなたの判断は間違っていなかったことになります。

とはいえ、売値よりも株価が上昇し続ければ電卓をはじき、仮定で儲けた金額の計算をしてしまいます。

そんなときのために、**保険として信用取引**を活用すればいいのです。

もしあなたがこの先絶対に暴落があると確信して100万円全額を**「清水の舞台から飛び降りる気持ち」**でETF1357につぎ込んだとしましょう。

その後、予想どおり日経平均は下落、あなたが買ったETF1357の株価は当然上昇し、利益はわずかながらでもプラス状態になりました。

しかし、その先が予想できなくて、**少しの利益でもいいから売る**か、それとも本心は、もっと儲けるまで待ちたいが**絶対に損はしたくはない**のでどうするか迷ったとしましょう。

そこで登場するのが信用取引です。

株価がどちらに動くか迷ったときは、とりあえず信用取引を利用して100万円分のETF1570を買うのです。

そうすることでこれ以上、**日経平均が上昇しても下落してもわずかな利益は確保**しているので安心です。

もし、あなたの予想通り、日経平均が下がった場合、残念ではありますが、100万円分信用取引で買ったETF1570も下落するので、買わなければよかったことになります。

一方、日経平均が上がればETF1357は下がるので、損は絶対にしたくないあなたにとってはいい選択をしたことになります。

しかし、このままずっと持ち続けてもわずかな利益のまま推移するだけなので、いつかはどちらかを売らなければこれ以上の利益を上げることはできないのです。

それなら、いっそうのこと全株を寄付きか、終値で売り注文しておけばわずかな利益は確定します。

それはそれでいいのですが、そこからどちらに動くのかを予想して、利益が出た方のＥＴＦを数回に分けて売り、反転するまで待つという方法もできるのです。

とはいえ、これからＥＴＦ投資を始める人には難しいかもしれないので、利益が上がった時に迷えば躊躇わずに売った方がいいでしょう。

大幅な上昇は長続きしない

投資家は小心者が多い

長い歴史をもつ株式投資の世界ではこれまでに幾度となく暴落がありました。

アメリカ史上最も有名な暴落は1929年の**「ウォール街大暴落」**とのことです。90年近い前の出来事なので実感は全くありませんが、いまでも語り継がれているほど衝撃的な事件だったということです。

次に株式投資をしている人は聞いたことがある**「ブラックマンデー」**、1987年の出来事です。

そしてつい最近のようにも感じさせられるのがあの**「リーマンショック」**です。これは株式投資をしていない人でも知っているほどの流行語になりました。2008年の出来事です。

私も、株式投資を始めて間がないころで、いきなり大損し、夜も眠れないほど大損害をし、生きた心地がしませんでした。

あれから10年、ダウ平均は最高値を更新し、日経平均も27年ぶりにバブル崩壊後の最高値を更新しました。

そんななか、そろそろ**大暴落がおきてもおかしくない**ような気がしてくるのが投資家心理です。

実際、昨年の2月6日には日経平均が一時、前日比よりも約1600円の下落を記録しました。500円以上、下落することも年数回あれば多いくらいなのに、さらに翌日には600円も下落し、その時はリーマンショックを彷彿させられるほどびっくりしました。

そんな1年足らずの出来事でも**忘れるのが人間で、警戒するのも私たち人間**なのです。

なかでも特に、投資歴の長い人は現在における急激な株価の上昇に警戒しているはずです。


もちろんこの先、2万5000円を軽く突破し、2万8000円まで上昇するかもしれませんが、わたしの知る限り大暴落はこれまで幾度となくありますが、大暴騰などは聞いたことがなく、仮に大幅な上昇が続いたとしても、個人投資家は大暴落を恐れ、利益確定を急ぐでしょう。

そんなときはやはりETF1357をコツコツと買って様子を見るのがいいのです。

2万5000円ならまだしも、2万8000円にまで日経平均が上昇すれば、リーマンショック級の大暴落が起きても何ら不思議ではありません。

NYダウはここ数年の間に何回も高値を更新しており、現在も高値圏をウロウロとしながら更新しそうな勢いで推移しています。

日経平均がここまで上昇している原因は、日銀を始め海外投資家しか考えられず、**個人投資家が買っているようには到底思えない**のです。


海外投資家は莫大な資金を日本株に投資し、利益が上がれば日本経済のことなどはどうでもいいという考えですから、暴落するまえに売り抜けることだけを必死に狙っているのです。

だから個人投資家は小心者というよりも慎重派が多いので、ＥＴＦ投資をする人もこれくらい慎重であってもいいと思います。

自己責任だから面白い
買うのも売るのもあなた次第

インターネットで株式投資をすると、買うのも売るのもあなたのタイミングなので誰からも邪魔をされることなく簡単に取引ができます。

だから、**すべて自己責任**ということになります。

書店で買った雑誌や本のお勧め銘柄の株を買い、その銘柄の株価が下落したとしても、あなたの判断で購入したのですから、これもまた責任はあなた自身にあるので勧めた雑誌や本の著者を責めてはいけません。

あなたが得た情報はあなた以外にもたくさんの人がすでにつかんでいるのでその地点で買っても遅いのです。

インターネット上で有名な投資家がお勧めしている銘柄を買うこともあまり推奨できません。

もちろん、たくさんの人に儲けてほしいという気持ちで勧めているのでしょうが、この人たちみんなが儲けていては株式投資そのものが成立しないと思ってしまうのは私だけでしょうか？

「あの銘柄を買いなさい」、**「次はこの銘柄を買いなさい」**と言われて買うのなら、投資の実力は一生つかないでしょう。

そんな情報に振り回されないのがETF投資なのです。個別銘柄と同様、ETFを買うのも売るのも自己責任ですが、他人に勧められた株を買うのではなく、日経平均だけを気にしながら**自分のタイミングで売買できるから面白い**のです。

本書では、日経平均の上下で儲けることができるETFの買うタイミングとヒントを伝えているだけなので、上がるか下がるかわからない個別銘柄の買いを一押しする無責任な投資家とは違うコンビニ店員だということをわかっていただければ幸いです。

東京証券取引所株券売買立会場閉場日の様子（平成 11 年）

PART 4

株で成功するための〝カメの気づき〟

大儲けは狙わない

欲張りは最大の敵

「欲張りは最大の敵」。これは私が投資をするときに毎回自分自身に言い聞かせている言葉です。

調子がいいときは**「もっと上昇するのではないか」**とつい欲が出ます。これまでに何十回、何百回と経験し、失敗しました。

売るタイミングを逃し、雀の涙ほどの利益で売る羽目になったことも少なからずあります。最悪なのは買い値よりも安く売って損切りをしなければいけないことです。もっと最悪なのが売るに売れず状態の**塩漬け株**になってしまうことです。

塩漬け状態になるともう株の売買すらできなくなり、暴落時に狙っていた株を買う**チャンスを逃す**のです。

株式市場全体が一斉に暴落した時に、目をつけていた銘柄を折角安値で買うことができたのに資金がないために諦め、挙句には塩漬け株までがこの暴落でさらに下げるという負の連鎖状態になってしまっては、もはや株をやめようとさえ思ってしまいます。

そのためには**売りは早く、買いは遅く**を徹底しなければいつまでたっても株式投資に限らず、すべての投資で勝つことはできないでしょう。

これからETF投資を始める人には**少しでも利益を上げる楽しさ**を知ってもらいたいので、買っていたETFが予定していた株価まで上昇すれば早目に利益を確定しておき、次のチャンスを待っていただきたいのです。

それがたとえ千円であっても儲けることができれば、今後、売るタイミングと買うタイミングの技術がしっかりと身に付くので、数年後、ETF投資で資産を2倍、5倍、10倍にするための練習だと割り切れば容易いはずです。

だから、今はこの先掴む大金のために焦らずに少額を儲けることに徹底してほしいのです。

もう一度言います。**「欲張りは最大の敵」**です。

いろんなデータを取らない

頭でっかちにならない

実を言うとこれは以前の私のことです。

株を始めた頃はいろんなデータを取りたがる傾向があります。

だれでも大切な資産を失いたくはありません。

書店に足を運んでは資産運用のコーナーにある本を立ち読みし、迷いながら2，3冊購入した経験のある人もたくさんいることでしょう。

買った本を夢中になって読み、企業のホームページから財務状況を確認したり、会社四季報を買ってはよくわからない項目をみたり、またはＰＥＲ，ＰＢＲなど意味のない計算をしたりと、これまでにたくさんの投資家が無駄な時間を使ってきたと想像できます。

しかし、一見、無駄だと思えることを経験したからこそ今があるのです。

何事においても意味のないことはありません。やればやるほど知識として蓄積され経験として生かされるのです。

あなたがコンビニ店員をしているのも無駄ではなく意味があるのです。

私もコンビニ店員をしていたから、この本を出すことができたのです。

ただし、**ETF投資をするためにたくさんの知識は必要ありません**。

専門の知識は追々勉強していけばいいことなので、初めから知識を詰め込み過ぎると訳が分からなくなり間違った投資をするのではないかと危惧するのです。

ですから最初はシンプルに本書に則ってスタートさせたほうがピュアな気持ちで投資ができると思います。

エコノミストはあてにしない
頭が良すぎるから外れるのです

失礼ですが、経済評論家や経営者の株価予想は外れることが少なくありません。

日本経済新聞の年初には一流企業のトップが今年の日経平均の株価を予想する一面があります。

1年後、ほとんどの予想が外れていることに私は当然のことだといつも思っています。

正直、ノストラダムスじゃあるまいし、だれが1年後の株価を当てることができるのでしょうか？

その背景には、東京オリンピック・パラリンピック関連の企業や外国人観光客に特化した企業の株は順調に上昇しているので、この先もしばらくは上昇することは誰でも予想できます。

しかし、世の中、何が起こるのかは誰も予想できないのです。

例えばテロ。いくら警備をしていても起こる可能性は十分にあるのです。特に私たちの国日本はテロに対しての警戒心が低いようにいつも感じています。

ここ数年の間に外国人観光客は一気に増え、テロ対策はしているとは思いますが追いついていないような気がしてままならないのです。

そんなテロ組織が日本を標的にして、多数の犠牲者が出ればたちまち株価は暴落するでしょう。

また、地震などの自然災害が東京を直撃すれば経済も中断し、株の取引もストップ、市場が再開されたときは大暴落からスタートするでしょう。

そんな最悪なことをいつも考えておかなければいけないのです。

経済だけを見ている人はそれが専門なので経済の予想をするのは当然なのですが、私たち素人は他のリスクを考えながら株を購入しないといけないのです。

エコノミストの人たちが予想を外す最大の理由が**「頭が良すぎる」**からです。緻密なデータを作成し、海外の経済事情や政治に至るまで何でも知っているので頭の中の情報量が私たち一般人の何十倍いや、何百倍と詰まっているのです。

そのため膨大なデータばかりを頼り、予期せぬ事件や事故、未曽有の災害が起きた時の対策をとっていないために対処ができなくなるのです。

天気予報もそのうちのひとつで今では世界中の気象情報が衛星やコンピューターを通じて瞬時に入ってきます。

しかし、昨今では地球温暖化の影響なのかゲリラ豪雨があらゆるところで多発しています。これほど情報が発達していても予報が外れることはよくあります。

別に気象予報士さんを責めているつもりはありませんが、ベテランの漁師さんは雲の動きや夕焼けをみて翌日の天気が予想できると聞いたことがあります。

経済についても少なからずこのような勘は当てはまるのではないかと思うのです。

ですからあまりエコノミストといわれている頭のいい人たちの予想は鵜呑みにせず、軽く聞き流す程度がちょうどいいくらいではないでしょうか。

長期投資はしない

予言者じゃないのだから

長期投資はお金持ちがすることだと思っています。それはお金にゆとりがあるからです。投資資金が100万円もしくはそれ以下の金額でETF投資を始めるあなたは1年で1・3倍から2倍の資産に増やすことを目標としているので、5年や10年といった**長期投資には向いてはいません**。

まして、5年後、10年後のことなど予言者じゃあるまいし、だれが株価の予想なんてできるのでしょうか？

長期投資をすること自体は否定しませんが、長期投資は数銘柄を数百万円単位で買い、配当や株主優待を得ることを主な目的とした人たちが5年、10年後に株価が上がっていればラッキーというのが私個人の感想です。

しかし、一流企業とはいえ不正が発覚すれば5年後10年後に暴落していることも考えられるのです。

そうなってしまえばこれまで投資してきたお金と時間は無駄となり、結局、塩漬け状態になり、さらに5年後か10年後に上がっているかどうかもわからないままずっと持ち続けるしか方法はありません。

ですから、あなたは年数回やってくる暴落に備えて毎日簡単な情報を収集し、コツコツとETF1357を買えばいいのです。

そしてあなたが設定した日経平均の下値に近づけば今度はETF1570をコツコツと買い始め、日経平均が上昇し、騰落レシオも120%に迫ってきたころで2、3回に分けて売れば日経平均の上下で利益を上げることができます。

それを年数回行うだけなので、**1~3か月、長くても6か月以内には決済する**ことになります。

売り買いは頻繁にしない

一喜一憂投資は疲れるだけ

デイトレードとは日に複数回、買っては売りを繰り返し、利益を上げる投資方法です。

インターネットでの取引が普及したことにより、これを専門に毎日稼ぎ、生業として生活している**デイトレーダー**と呼ばれる人もたくさんおります。

企業の業績など全く無視して、ただ、値動きが激しい銘柄を見つけては2台、3台のパソコンでチャートや為替を見ながら、まるでゲームをしているかのようにマウスを動かしクリックしては数百万、なかには数千万円を動かしている個人投資家もいるようです。

初めて株式投資を始める人にとっては、簡単に稼ぐことができそうに見えるので魅力があるのでしょう。

テレビで取り上げられるデイトレーダーの優雅な生活を見せられると、自分もそんな生活をしたいと思うのはだれでも同じです。

そんなデイトレードに魅力を感じ私も足を踏み入れた時期もありましたが、私の性格上、向いていないことがわかりあっさりとやめました。

コンビニ店員のあなたが過去の私のようにデイトレードに魅かれて始めようと頭の片隅にでもそんな気持ちがあるのなら、やめておきなさいとだけはっきりと言えるでしょう。

初心者によくありがちなのが保有株の株価を毎日確認し、ちょっと上がれば売り、また別の銘柄を探し買ってはすぐに売りを繰り返す、いわば、**ハムスターがかごの中でちょこちょこ動き回っているような投資**はおすすめできません。

自分の買った銘柄の株価が気になるのは当然です。

しかし、たいして儲かってもいないのに売買を繰り返しても、手数料がかかるし、第一、疲れるだけです。

そんなハムスター投資よりも2、3か月のサイクルでコツコツと買い、激しい動きが起こった時に売買を数回繰り返すETF投資の方が心にもゆとりができて安心です。

ナンピン買いをして損切りができない人
コツコツ型ETF投資には関係ない

株を買うときはだれでも、この先株価が上がる自身があるから買うのです。

しかし、その思いとは裏腹に株価は見る見るうちに下がり続けてあなたの予想は見事に外れるのです。

そこで、**自分の負けを素直に認め、損切りができる人は株式投資に向いている人**で成功すると言われています。

しかし、人間の心理というものはある意味厄介で自分がいいと思って買っている企業の株が下がるなんて信じたくはないのです。

「いつかはきっと」という風にこの先、上がるかどうかわからない株を持ち続け、さらに下がればナンピン買いをした経験のある人は数えきれないほどいるはずです。

もちろん私もそのうちの一人で、なかなか上がらない株を持ち続け、毎日イライラしながら株価のチェックをしていました。

そんな人にはこのETF投資でのんびりと構え、毎日**イライラすることなく株式投資を楽しむことができる**のです。

そしてコツコツと少額で買うことができるのでリスクも減り、さらに株価が下がったとしても損切りする必要はなく、売らずに反対の動きをするETFを買えばいいだけなのです。

例えばこの先、日経平均が上昇すると思ってコツコツ買ったETF1570がさらに下落した時、本来なら損切りして株を手放すのですが、日経平均が下がれば株価が上昇するETF1357を同じ投資額分買えば、その後、日経平均が上がろうが下がろうが、これ以上損することはないので安心して見ることができます。

そして落ち着いたところで売買を開始すればいいのです。

初心者は信用取引をしない

1年はしないほうがいい

株を買う方法には**現物取引と信用取引**があり、現物取引は口座にある金額分の株しか買うことができませんが、信用取引は預けている金額の約3倍の株を買うことができる仕組みなのです。

例えば証券口座に100万円あれば、現物取引では100万円分の株を購入すればそれで終わり、あとは買った株を売却しなければ新たに株を買うことはできません。

しかし、**信用取引は約3倍に相当する300万円分の株を買うことができる**のです。

すなわち、現物取引の3倍儲けるチャンスがあるということです。

それならこの信用取引を活用したほうがいいんじゃないかと思いますが、株式投資は損をすることもあるので、信用取引で3倍の株を買っていれば損失も3倍ということになります。

また、信用取引は、お金を証券会社から借りて株を買うので、借入の利子がつきます。

さらに、信用取引で買った株は6か月以内に返済しなければいけないという決まりがあるので、注意が必要です。（無期限の証券会社もあります）

そういうことから信用取引にはいくつかの制約があるので、**初心者は株式投資に慣れるまでの一年間は信用取引をしないほうが賢明**でしょう。

信用取引には借入利息の他に、管理費や手数料など諸々と発生するので、長く保有し続ければそれだけ負担がかかるため、一時的に利用するための制度と解釈していただければいいでしょう。

また、信用取引用の口座を開設しないと利用できないのでご注意を。

信用取引の売りは絶対にしない

買いは家まで売りは命まで

次は、信用取引の売りについて簡単に説明しましょう。

一般的に**信用取引の買いは「信用買い」**、**信用取引の売りは「信用売り」**とよばれています。

信用取引の売りは、証券会社から株を借りて売り（カラ売りといいます）、その**売った株価**

よりも下がった時に買い戻すことで利ザヤを稼ぐ方法です。

1株100円の株を1000株、証券会社から借りて信用取引で売った（カラ売り）としましょう。そして、数日後、90円まで下落した株を買い戻せば、差額の10円が儲けになり1000株分の1万円、利ザヤを稼ぐことができたのです。

この信用売りも信用買いと同様、約3倍の取引ができ、利息もかかるのですが、**信用取引の売りは絶対にしないほうがいい**とだけは言っておきます。

「買いは家まで売りは命まで」という格言があります。これは信用取引のことで、信用取引の買いは家を失うリスクがあり、信用取引の売りは命まで失うリスクがあるという恐ろしい格言です。

信用取引で買った株の企業が倒産し、無価値になった場合、損失は最大となりジエンドです。

一方、信用売りは株価が下がれば儲かる仕組みですから、予想に反し株価が上昇すれば損失が膨らみ続けるためにエンドレスなのです。

実際、**追証**と言って担保となるお金が不足すれば証券会社から連絡がきて、期限内にお金を入金しないと強制的に反対売買で決済されます。

従って、入金さえしなければマイナスが膨れ上がることはありませんが、それだけ危険が伴っているという例えなのです。

だから、そんな**信用売りには手を出さないほうがいい**でしょう。

私がおすすめしている日経平均連動型の**ETF1357と1570も信用買い、信用売りができます**が、そもそもETF1357はもう十分にお解りだと思いますが、日経平均とは反対の動きをするので私は**日経平均の信用売り**と考えながら売買をしています。

ETF1570の信用売りをしたければ、ETF1357を現物もしくは信用で買い、ETF1357の信用売りをしたければ、ETF1570を現物もしくは信用で買えばいいのです。

ですから日経平均が下がると思えば、ETF1357を買い、日経平均が上がると思えばETF1570を買えばいいだけなので、どちらも信用買いをすることはあるかもしれませんが、信用売りはする必要性がないことにETF投資を始めてしばらくしてから気付きました。

冷静な判断をする

瞑想して気持ちを落ち着かせる

株式投資はある意味、**人間対人間の心理戦**です。自分の保有している株価が上がれば当然喜び下落すれば不安になります。

上昇していれば、いつ売って利益を確定するかを考えればいいだけなので、その時の心理状態は正常で安定しており冷静な判断ができるはずです。

しかし、問題なのは**下落した時の精神状態**です。

将来、あなたが保有している企業の株価が何らかの悪い理由で暴落したとしましょう。当然、あなたはあたふたしてその株を売るかどうかの決断に迫られます。

ここで下落した時を想定して株を購入していた人は、購入した時の株価から10％下落すれば売ると決めていたので、躊躇なく売ることができ新たな気持ちで他社の株を購入できたでしょう。

しかし、株式投資をしている人のほとんどがその時に売ることができず、さらに下落してから渋々売り、損害を大きくして後悔するのです。

もっとお粗末なのがその時でも売ることができず、諦めて塩漬け状態で何年も保有し続けている人です。

10％下落した時の初動で売ることができた人はその後、**他社の株で儲けるチャンスを与えられた**ということです。

もちろん反対のケースもあり、安値圏で停滞していた銘柄がさらに下げたことで安すぎると判断した人が、この暴落で大量に購入すれば数か月後、暴落前の株価に戻れば儲けることができるのです。

しかし、それは日頃からこの銘柄が下がったところで買うと決めていたからできたことなので、準備さえしておけば暴落した時に安値で買うことができるのです。

ETF投資でも買ったETFの株価が予想に反して下落することはよくあります。

そんなときは冷静な判断が必要なので慌てることのないように瞑想して気持ちを落ち着かせることもひとつの方法です。

瞑想のやり方はいろいろとありますが、私はあぐらをかいた状態で軽く両手を膝の上で握り、目はうっすらと視界が見える程度につぶり、鼻からゆっくりと息を吸い込み、へその下（丹田）

まで吸い切ったところでグッと腹筋に力を入れるイメージで行っています。

そして息を吸い切った後、今度はゆっくりと吸った時間の2倍の時間をかけて鼻から息を吐きだします。

これを数回繰り返し、毎日、寝る前に実践することで、気持ちが安らぎます。

瞑想をしたからと言ってETF投資で儲かるわけではありませんが、気持ちを落ち着かせることは日常生活でも役に立つので、興味のある人は一度やってみてはいかがでしょうか。

日本経済新聞は購読する

経済に関する情報はこれで十分

市場の流れをつかむには情報の収集が必要不可欠です。

インターネットから知る情報の半分以上は嘘だと思った方がいいという説もありますが、さすがに新聞は多少の偏見や先入観、新聞社の方針などによって意見が分かれることもあるので、全記事の内容を一誌のみの情報で信じるのは危険です。

しかし、こと経済に関連した数値や指標については正確な情報だと信頼しているので、この数値や指標から判断して株の売買をするために**日本経済新聞（日経新聞）は購読したほうがいい**でしょう。

騰落レシオ、空売り比率、世界経済、世界情勢など株式投資をする上で参考になる情報が簡単に入るので、必須アイテムとして外すことはできません。

また紙面でなく電子版でも購読できるので、通勤時の電車内や休憩時間に読みながら、今後の株式市場の流れを予想し、ＥＴＦの対策を練ることでより確実に買うことができるので、ぜひ申し込んでみてはいかがでしょうか。

もちろん政治や事件、事故、社説、スポーツなどサッと目を通しておくだけでも知識が入ってくるので、株式投資に興味があるないに関係なく、35歳以上のコンビニ店員には日経新聞をはじめ新聞ぐらいは読んでほしいと思います。

新聞は文字ではなく中身を読む

数字よりも大切なことを考える

あなたが今後、ＥＴＦ投資で年１００万円儲けられるようになるには、経済が専門の日経新聞を欠かすことはできません。

しかし、指標だけの判断でＥＴＦを購入すれば儲かるほど**株の世界はあまくない**のです。

だから、これから日経新聞の購読を検討している人はもちろんのこと、現在、すでに日経新聞を購読している株式投資初心者の人たちも、指標や経済の記事をただ毅然と読み、ＥＴＦの購入をするのではなく、**記事一つ一つの中身を読み、何を意図しているのかを考えながら株を購入**したほうが断然、いいタイミングで買うことができます。

例えば、**「日経平均節目の2万3000円を試す展開」**、と書かれた記事があるとします。

この記事を見た時に今後、日経平均が上昇するか下落するかは記事を読んだ人によって千差万別です。

どちらかといえばこの先、上昇しそうな雰囲気で受け止める人の方が多いのではないでしょうか。

騰落レシオは買われ過ぎを示す過熱状態の120％以上、空売り比率も基準の40％以下で買いが優勢、外国人投資家は3週連続買い越しなら、数日以内にいったん下がる可能性が高いことは予想できます。

また、世界情勢が不安定ならいきなり暴落することもあるし、自然災害などのリスクも視野に入れておかなければいけないでしょう。

だから、この記事を書いた意味を考えると2万3000円を試すという記事の裏には、どうしても株価を下げたくない理由があるのか、それともひょっとしてこの先、株価が下がるような不安材料が待ち受けているのではないかとか、あなたなりに考えることで、文字や数字だけで判断してはいけない習慣をつけることが大事だと私は思うのです。

記事どおり景気は好調に向かい日経平均も2万4000円、2万5000円に到達するかもしれません。

しかし、間違っていても考える行為そのものが、これから投資をするためには必要だと思っています。

だから、記事を読む前に見出しから本音を見抜く気持ちで読むと一層、掘り下げて新聞を読むことができるでしょう。

ヤフーファイナンスを活用する

株の情報がぎっしり

株の情報はヤフーファイナンスでほとんど知ることができます。

日経平均からダウ工業平均株、さらに為替や世界各国の株価まで簡単に収集できます。

また上場企業の株価はもちろんのこと、業績やその日の**上昇率、下落率のランキング**など枚挙に暇がありません。

そんなたくさんのデータからあなたが活用しやすいものを選んで、ＥＴＦを買うタイミングや売るタイミングを決断すればいいのです。

日経平均の過去のデータは簡単に知ることができるし、私が推奨しているＥＴＦ１３５７とＥＴＦ１５７０のデータも過去に遡って知ることができます。

私が株式投資を始めた頃はすでにインターネットも十分に普及し、株の取引も盛んに行われていたので当たり前のように情報が入り、株の売買も今と変わりなく歯を磨くような感覚でできたので、それが普通だと思っていましたが、インターネットがまだ普及していなかった頃、株の取引はすべて店頭売買で電話でのやり取りが主流でした。

そのころから株をしている人たちは**「便利な時代になったな」**と感じているのではないでしょうか。

そんな便利な時代の今、簡単に情報が入り、簡単に株式投資ができるので儲からないはずはないと思ってもいいかもしれません。

しかし、あなただけが情報を手に入れているわけではないのでむしろ、儲けにくいのかもしれません。

皆が皆、株で儲けることはできないのであなたは他人よりもいち早く、より正確な情報を手に入れて確実に儲けられるようにしておかなければいけないでしょう。

そのためには**ヤフーファイナンスはありがたい存在**です。

しかし、ETF投資をするあなたにとってはそれほどたくさんの情報を仕入れる必要はないので、日経平均とNYダウ、為替、ETF1357とETF1570ぐらいで十分なはずです。

掲示板は無視する

意味のない情報は入れない

ヤフーファイナンスは株式投資をする人にとっていろんな情報を知ることができるので、毎日欠かさずにチェックしたほうがいいでしょう。

しかし、**掲示板だけは見ないほうがいい**と思います。

個別企業の社名や証券コードを入力すれば、簡単にその会社の株価や過去のデータ、チャートまたは業績の見通しなども知ることができるので、気になる企業があれば買うタイミングの参考になりとても便利です。

とはいえ、すべての人が株価を上げたい人ばかりではないことを承知しておかなければいけません。

それは空売りを専門としている個人投資家が、株価を下げて利益を得たいがために、企業の悪口をいったり、株価を上げたい人を罵ったりと、コメントを見ていると正直うんざりします。

真相はわかりませんが、ファンドや機関投資家がアルバイトを使って、掲示板に株価が下がりそうなコメントを投稿させているということを聞いたことがあります。

また、株価を変動させる目的で、虚偽の情報を流せば**風説の流布で処罰の対象となる**ので気をつけなければいけません。


もっとも、日経平均連動型のＥＴＦは、日経平均の上げ下げだけで株価が変動するので、コメントをしたところで意味もなく、だれも相手にはしてくれないでしょう。

だから、これからＥＴＦ投資をする人にとって掲示板は不要だということです。

興味本位でコメントするのは自由ですが、この本を読んだ人には悪意のあるコメントだけはしないでいただきたいものです。

早起きをする
早起きは3万の得

私が株式投資をする上で最も重要なことの一つとして位置付けているのが早起きをすることです。

ただ、早起きをすればいいのではなく、**株式投資の準備をするために早起きをする**のです。

そのために平日は必ず朝4時には起きてNYダウや日経平均先物の株価をチェックしたあと、スマホで日経新聞を読んでからコンビニのアルバイトに行っています。

アメリカのニューヨーク市場は私たちが夜寝るころに開かれ、朝起きる時刻には市場は終了し株価が確定しています。

あなたがいびきをかいている間に、海の向こうでは大きな事件が起き、株価は激しい動きがあったかもしれないので、朝、早起きをして日本の株式市場がスタートするまでにいろんな対策を練る必要があります。

NYダウが上がっていれば、それほど慌てる必要はありませんが、暴落した場合に備えて、株を買う準備、売る準備をすることが大切となるのです。

例えば、暴落した場合、日経平均に連動するETF1570もぐんと下げるので、あなたは買う準備をしておいた方がいいでしょう。

一方、ETF1357は下落した日経平均とは逆行して上昇するので、それまでにあなたがこの先、日経平均が下がると予想していてコツコツと買っていたのなら、その時の暴落でETF1357を売れば儲けることができます。

さらに、もっと日経平均は下がると思えばしばらく売らずに保有していてもいいかもしれません。

ただし、あなたが最初に設定していた日経平均の株価や**目標利益額に到達すれば**欲張らずに全額売ってください。

そうしないと今後同じような状況が起こった時に冷静な対応ができなくなり、売るタイミングを失いかねないからです。

極論ですが1年を通してたとえ1000円でも儲けていたのならあなたの投資方法は間違っていなかったことになるので、この先10年、20年と儲けることができるでしょう。

しかし、自分が決めたルールを無視して売るタイミングを逃し、その結果、100円でも負けていたのなら、あなたはこれからも同じ失敗をする可能性があります。

それは、私が実践しているこのETF投資のルールを守ってさえすれば負けることは考えにくいからです。

そのために早起きをして投資の準備をすることは、当面、月3万円を稼ぐことを目標にしている人にとっては大切な行動ということになるのです。

連続にこだわる
勝ち癖をつけるために

わたしがお勧めしているＥＴＦ投資は中リスク、中リターンなので損は絶対にできないのです。

そのために日頃から、データを収集してコツコツと買い、上昇した時に数回に分けて売って儲ける方法が有効です。

年数回しかないチャンスをつかむためには買うタイミング、売るタイミングがキーポイントとなるので、あなたはいくつかの指標を見ながら、ＥＴＦ１３５７かＥＴＦ１５７０どちらかを買う準備をしておかなければいけません。

もちろんコツコツ買いが基本ですが、買い集めている段階で株価が上昇して含み益が出るときもあります。

予想どおり、そのまま上昇し続けるかもしれませんが、本書を通じてはじめてＥＴＦを買った人には少額でもいいので利益が出ればさっさと売って、連続で儲ける習慣をつけていただきたいのです。

3千円、4千円のわずかな儲けで売るときは、後ろ髪を引かれますが、それを何回も繰り返していると数日で2万円、3万円稼げるので、**連続にこだわって勝ち癖がつく**といいテンポで売買ができるようになり、意外と簡単に儲けられたりもするのです。

ETF投資をはじめていきなり損をすれば印象は悪く、魅力もわからないまま投資の世界から退場するかもしれないので、はじめて数か月は小銭を稼ぐ方法でもいいのではないでしょうか。

一方、あまりにも連続にこだわりすぎて売るサインが出ているのに、利益が出ていないからといって持ち続けて損をすれば本末転倒なので、確実に儲けることを第一優先に行って下さい。

おすすめ銘柄は買わない
その地点で買っても遅い

いつも不思議に思っていることなのですが、儲け話をする人は他人に言わなければ自分が独り占めで儲けられるのに、なぜ、わざわざいうのでしょうか。

株をするようになって特に感じるようになったのですが、**おすすめ銘柄が世間に知れ渡った地点で買っても遅い**ということがよくあります。

もし私が有名な株のトレーダーだとしたら、ある銘柄を半年や1年前からコツコツと買い、ツイッターやブログなどのSNSでおすすめ銘柄として投稿すれば確実に儲けられるはずです。

株価が上がるような材料を事前に知り、買って儲けるインサイダー取引は法律で罰せられますが、自分が上昇させたい銘柄を買っておき**「この先気になる銘柄」**みたいに呟けば、買いを煽っているわけでもないので簡単に儲けられるような気がするのです。

もちろんそのようなことばかりしているトレーダーならすぐにばれて誰からも相手にされませんが、ある程度の**信頼と実績があればかんたんに儲けられる**と私は勝手に想像してしまうのです。

儲け話に騙されたという話は、いつの時代も絶えることなく聞きます。

騙した者が悪いのか、騙された人が悪いのかはここで議論するつもりはありませんが、少なくとも、**投資の世界では騙す輩がたくさんいる**ことだけは確かです。

あなたがどのように感じるのかは人それぞれですが、くれぐれもおいしい話には飛びつかないようにしていただきたいものです。

超簡単、50、50買い

慎重派のあなたへ

この先、日経平均が上がるか下がるか全くわからないけど、証券口座にある投資資金100万円を少しでも増やしたいと願っている人には**50、50買い**がいいのではないでしょうか。

あなたが予想した日経平均の基準ラインが2万3000円だとしましょう。そして現在の株価が1か月前2万2000円付近から少しずつ上昇して、2万3000円を突破、2万4000円まで迫る勢いで株価が上がってきました。

騰落レシオも120%を超えています。あなたは日経平均の基準ラインを2万3000円に設定していたので、今の株価は高値圏、いずれ下落モードに切り替わるか暴落がやってくると判断し、日経平均が下がれば上昇するETF1357を買うのがセオリーです。

しかし、もっと上昇するのではないかと不安を抱えていたり、自信が持てない場合は、この先の、さらなる上昇を警戒してETF1357とETF1570を約50万円分ずつ終値で注文するのです。

ほぼ同額分のETFを買っているので、今後、上昇しようが下落しようが損益は**プラスマイナスゼロの状態で株価が推移**するだけです。

あなたの不安が的中し、日経平均が一段と上昇すればETF1570を売却して利益を得ることができ、その後、日経平均が暴落または下落した時にETF1357を売ればETF両方で儲けられます。

しかし、あなたの不安は外れ、当初、予想していたとおりに日経平均が下落し始めたら、ETF1357は上昇するので儲かりますがETF1570は高値で買っているのでその分マイナスとなります。

ＥＴＦを買うか買わないか迷ったときの判断は難しいですが、一末の不安を感じた時は冷静になり、一端、保留してから買うか、基本に則ってコツコツ買いに徹するか、それはあなたが決断するしかないのです。

私はめったに使わない手法ですが、あなたには相性がよくていい投資方法かもしれないので、迷ったときに試してもいいと思います。

PART 5

自分自身がAIになる

株価はデータで上下する
データを作って安心ＥＴＦ投資

これまで私が株式投資をしてきた経験上、株価は業績よりもデータを重視した方が上手く行くことに気付きました。

企業の利益が上がったからと言って株価が必ず上昇するわけでもなく、市場予想よりも決算発表の利益が少なければ逆に下がったりすることもあるので、個別銘柄の株を売買するタイミングは難しいのです。

「〇〇電機、純利益前年比マイナス５％」と記事に書かれていたら、普通は株価が下がると思いますが、これも市場予想よりマイナス幅が小さかったために株価が上昇するといったケースも多々あるのです。

そんな予想のできない個別企業の株を買うのなら、日経平均だけのことを考えて売買するＥＴＦ投資の方がどれだけ簡単に儲けることができるのか、知っていただきたいのです。

そこで次項では、私がこれまでに記録してきたＥＴＦ投資で勝つためのデータの作り方を紹介しますので、あなたが作ったデータでＥＴＦ１３５７とＥＴＦ１５７０を売買して儲けることができるように役立てていただきたいと思います。

日経平均連動型のＥＴＦは個別企業の株とは違い、**上がりっぱなし、下がりっぱなし**はまずありません。

たとえ日経平均が上昇トレンドに乗ったとしても、**騰落レシオが過熱状態なら必ず調整する時**があります。

その調整でコツコツ稼ぐこともできるのがこのＥＴＦ投資の長所なので、欲張りさえしなければ必ずと言えるぐらい高い確率で儲けられるのです。

オリジナルのデータ表をつくる
アレンジして自分でつくる

あなたは、日経平均が３００円以上、上昇または下落した時に備えて、私が作ったデータ表に翌日の日経平均予想株価を入力し、ＥＴＦ１３５７とＥＴＦ１５７０の前日比を計算します。

その計算した株価を指値で注文しておけば、**暴騰や暴落が起きても慌てずに対処できるのです**。

平日の日中、コンビニの仕事をしながらでも株価を気にすることなくETF投資に参加し、効率よく収入を得られるというわけです。

では、一体**どのようなデータ表を**作ればいいのか？

まず、パソコンのエクセルを開き、A列1行目に営業日、B列1行目に騰落レシオと入力します。そしてC列1行目には日経平均、D列1行目には前日比と入力します。

さらにE列F列の1行目にはETF1357、前日比、同様にH列I列の1行目にはETF1570、前日比とそれぞれ入力してください。

ここまではエクセルを使ったことのある人なら簡単な作業ではないでしょうか。初めての人でもすぐにできるので諦めずに挑戦してください。

そして、G列とJ列の1行目には、F／D、I／Dと入力します。

これは何を意味するのかと言えば、**ETF1357とETF1570の前日比を日経平均の前日比で割った数値**です。

言い換えれば、日経平均の前日比にG列、J列の数値を掛けた金額がETF1357とETF1570の前日比になるということです。

もっとわかりやすく説明するために表1をご覧ください。

7月12日の日経平均は2万2187円（Cの2）でした。翌日、13日の終値は2万2597円（Cの3）、前日比プラス410円（Dの3）です。

7月13日の前日比プラス410円（Dの3）にマイナス0・11（日経平均が300円以上、上下した時の平均値、G列）を掛けた金額がETF1357の前日比、マイナス46円前後（Fの3）となります。

ETF1357の前日終値1244円（Eの2）にマイナス46円（Fの3）を足した金額1198円（Eの3）が、日経平均が前日の終値から410円上昇した時に予測できるETF1357のおよその株価になるのです。


例えば、7月13日の日経平均（Cの3）を2万2487円と予測した場合、Dの3には300円が入ります。

その300円にマイナス0・11を掛ければFの3はマイナス33円です。

ETF1357の前日の終値、1244円（Eの2）にマイナス33円（Fの3）を足した1211円付近で指値注文をしておけば約定できたのです。

その日の日経平均はさらに上昇しましたが、1か月後には700円以上、下落しているので利益を得ることができたのです。

表は作らずに電卓だけで済ませたい人は、日経平均の前日比にマイナス0・11を掛けた金額がETF1357の前日比、日経平均の前日比に1・8を掛けた金額がETF1570の前日比として理解していただければ結構です。

しかし、このマイナス0・11や1・8も日によって変わってくるので、面倒くさくてもデータ表は作っておいた方がいいでしょう。

このように毎日データを記録しながら、翌日の予想をすることで断然、**何もしていない人よりは儲けやすくなり、この先もずっと活躍してくれる**ので、これからETF投資を始める人はこの表を参考にしていただき、自分が使いやすいようにアレンジすればもっといいデータ表が作れるでしょう。

表1

この表を参考にしてあなたオリジナルのデータを作成しよう

	A	B	C	D	E	F	G	H	I	J
1	営業日	騰落レシオ	日経平均	前日比	ETF 1357	前日比	F/D	ETF 1570	前日比	I/D
2	2018.7.12	76	22,187	255	1,244	-32	-0.13	19,650	470	1.84
3	2018.7.13	80	22,597	410	1,198	-46	-0.11	20,390	740	1.80
4	2018.7.17	83	22,697	100	1,187	-11	-0.11	20,550	160	1.60
5	2018.7.18	85	22,794	97	1,176	-11	-0.11	20,750	200	2.06
6	2018.7.19	82	22,764	-30	1,181	5	-0.17	20,700	-50	1.67
7	2018.7.20	83	22,697	-67	1,187	6	-0.09	20,550	-150	2.24
8	2018.7.23	83	22,396	-301	1,221	34	-0.11	19,970	-580	1.93
9	2018.7.24	90	22,510	114	1,206	-15	-0.13	20,200	230	2.02
10	2018.7.25	98	22,614	104	1,197	-9	-0.09	20,380	180	1.73
11	2018.7.26	101	22,586	-28	1,199	2	-0.07	20,330	-50	1.79
12	2018.7.27	107	22,712	126	1,186	-13	-0.10	20,540	210	1.67
13	2018.7.30	106	22,544	-168	1,202	16	-0.10	20,270	-270	1.61
14	2018.7.31	109	22,553	9	1,200	-2	-0.22	20,290	20	2.22
15	2018.8.1	108	22,746	193	1,179	-21	-0.11	20,630	340	1.76
16	2018.8.2	102	22,512	-234	1,206	27	-0.12	20,160	-470	2.01
17	2018.8.3	100	22,525	13	1,203	-3	-0.23	20,210	50	3.85
18	2018.8.6	95	22,507	-18	1,205	2	-0.11	20,190	-20	1.11
19	2018.8.7	105	22,662	155	1,188	-17	-0.11	20,440	250	1.61
20	2018.8.8	109	22,644	-18	1,189	1	-0.06	20,450	10	-0.56
21	2018.8.9	109	22,598	-46	1,193	4	-0.09	20,370	-80	1.74
22	2018.8.10	111	22,298	-300	1,226	33	-0.11	19,840	-530	1.77
23	2018.8.13	99	21,857	-441	1,272	46	-0.10	19,040	-800	1.81
24	2018.8.14	100	22,356	499	1,218	-54	-0.11	19,860	820	1.64
25	2018.8.15	96	22,204	-152	1,232	14	-0.09	19,650	-210	1.38

基準値を設定する
まずは日経平均株価のラインを引く

あなたがＥＴＦ投資をするときは、あなたの**思い描いている日経平均の株価が今現在、上か下か**で判断してＥＴＦ１３５７かＥＴＦ１５７０を買うだけでいいのです。

例えば私の場合、日経平均は２万３０００円を基準にして、そこから日経平均の上下に合わせてＥＴＦをコツコツと買う手法をとるように心掛けています。

だから、２万４０００円になれば私が基準にしていた日経平均２万３０００円よりも高くなっているので、この先、下がると予想して日経平均が下がれば上昇するＥＴＦ１３５７を２万３０００円超えたころからコツコツと買います。

そして予定していた金額分を買えばあとはほったらかし、日経平均が下がるのを待つのです。

しかし、株はそんな簡単に儲けられるものではなく、私が予想していた２万３０００円をはるかに超え、２万４０００円、２万４５００円になれば予想は外れたのでかなり損をします。

あなたが２万４０００円を基準にしていて日経平均が下がれば上昇するＥＴＦ１３５７を買っていればベストのタイミングで買えたということになります。

日経平均連動型のETFを売買するうえで最も重要なことは当たり前ですが日経平均の株価です。そこであなたは、現在の日経平均株価が高すぎると感じているのか、または妥当な金額なのかもしくは低すぎるのかを決めることが肝心要となります。

景気がそれほどいいと実感していなければ2万4000円の日経平均は高いと判断してETF1357をコツコツと買い、日経平均が暴落した時に売れば儲けることができます。

逆に東京五輪までは景気は上昇し続けるだろうと予想して、2万7000円2万8000円それとも3万円もあり得るだろうと思えば、お金に余裕がある人はETF1570を長期投資で買えばいいでしょう。

そこであなたは日経平均の基準値をよく考えて設定し、その金額よりも高くなれば、日経平均が下落すれば上昇するETF1357を買い、低いと思えば日経平均が上昇すれば上昇するETF1570を買えばいいのです。

だから、この基準値を決めることがこれからETF投資をするあなたにとって一番大事な仕事となるのです。

もう一度言いますが、日経平均の基準価格を設定することがこれから儲けられるかどうかの分岐点となるので真剣に決めて下さい。

いきなり400円下落したら、1000円下がる準備をする

下落には理由があるはず

日経平均が順調に上昇していても、NYダウが何らかの理由で暴落すれば、それに追随するように日経平均も株価を下げる傾向があります。

個人投資家は株価が暴落したときの押し目買いを好み、ここぞとばかりにこれまでに狙っていた株を買います。

しかし、私は個別企業の銘柄はあまり買わずにETFを専門に買うので、日経平均の株価が300円や400円程度、暴落したからといって慌ててETF1570をたくさん買うようなことはしません。

もちろん、その時の騰落レシオやチャート、自分が設定していた日経平均の株価よりも高いか安いかで判断し、安いと思えばETF1570を買い、まだ日経平均は高いと思えば様子を見て、その後さらに暴落した時に一気に買うようにしています。

もちろん予想が外れて反発することもありますが、いきなり400円以上下落したからと

いって慌てて買ったりはせずにコツコツ買いを守り、さらなる暴落を待てばいいのです。

これまで**日経平均が400円以上暴落した数日後に、1000円近い大暴落が起こったこともある**ので、いきなり300円や400円下落した時は**何か重大な理由があるはずだ**と警戒し、1週間ぐらいはいつも以上に注意しながら、ETF1570を買う準備、ETF1357を売る準備をしておきましょう。

大暴落に備える

大暴落には前兆がある

日経平均が前日比で1000円以上、下げることはめったにありません。

記憶に新しいところで言うと、2018年2月5日の終値2万2682円が翌日6日、終値2万1610円、前日比1072円安といった大暴落がありました。

その日の最安値は2万1078円、**前日より1604円も下げた**のです。

あまりにも下げ過ぎたので押し目買いが入り、500円強上昇したのですが、このような日が起こると予感がして、数日前から買う準備をしていた人は儲けることができたでしょう。

しかし、この日は前営業日（2月5日）に前々営業日（2月2日）から600円近く下げていたので、準備をすることはできたかもしれません。

前営業日に600円近くも下げたのだから、翌日は上昇するだろうと考えて株を購入していた人は大きく損をしたでしょう。

ここが**損するか得するかの分かれ目**だったのですが、私が推奨しているETF投資を取り入れた場合、日経平均が数日前に高値を付けた**2万4129円で「これは高すぎる」**と思っていた人は日経平均が上昇すれば下落するETF1357をコツコツと買っていれば儲けることができたのです。

さらに600円下げたところで「これはもっと下がるぞ」と予想できたかもしれません。

2016年6月23日に行われた、イギリスがEU離脱の賛否を問う国民投票のときは結果EU離脱に賛成の投票数が反対を上回り、離脱が決定した6月24日の**日経平均は前日比1286円安**となりました。

その時も投票が行われることは以前からニュースで取り上げられており、世界中が注目していた出来事だったので、前評判を覆す結果なら暴落することは予想できたはずです。

ここ数年で一番驚かされたのが**アメリカ大統領選でトランプ氏が前評判で上回っていたクリ**

ントン氏を覆したときです。

テレビでも開票結果がリアルタイムで報告され、日経平均はその日乱高下を繰り返していました。

イギリスのEU離脱やアメリカの大統領選はどちらに転ぶかわからないので、ETF1357かETF1570を買う判断は難しいですが、2月6日の大暴落は、数日前からの動きから暴落が予想できたのかもしれません。

リーマンショックのときも数週間前から、きな臭い雰囲気があったので、あの歴史的大暴落を予想していた人もたくさんいたはずです。

今後、大暴落がある時も何かしらの予兆があるはずなので見逃さないように注意しなければいけないでしょう。

いきなり暴落はあるが暴騰はない

だから儲からない

これまでに株式投資をしたことのある人なら納得していただけると思うのですが、日経平均が何の前触れもなくいきなり1000円以上暴騰することはまずありません。

暴騰するときは政治家、とくに財務大臣や官僚のトップ、日銀総裁が日本経済にとってプラスになる発言や発表があったり、ニューヨークの株式市場が上昇した影響で海外の投資家やヘッジファンド、または日本の投資家が日本企業の株を買い、市場全体が活気づいて株価が急上昇することはあります。

しかし、このような前兆もなく、いきなり日経平均が暴騰して日経平均連動型のETF1570で儲けることは無いに等しいと言えるでしょう。

一方、**いきなり暴落は常にあり得る**ことなので警戒しておかなければいけません。

いきなり暴落で一番警戒しておかなければいけないことがテロです。

テロと言えば記憶にも新しい2001年9月11日（日本時間11日午後8時頃）、アメリカで起きた航空機ハイジャックによってワールドトレードセンター等が標的となり、多くの犠牲者を出した**同時多発テロ、通称9・11テロ**ですが、この世界中を震撼させた事件により、ニューヨークは大混乱に陥り米国株式市場は翌週17日（月）再開までの4日間取引を停止、再開した日は前営業日から685ドル安、約7％も下げました。

その後も下落し続け9月21日安値まで1543ドル、約16％も下落したのです。

もちろん、アメリカのみならず、世界中の経済が大打撃を受け、日本の株式市場も混乱し、日経平均の株価は9月11日の終値（1万0292円）から翌日12日は682円も下落しました。ニューヨークと同様にその後も下落し続け、9月21日安値（9382円）まで910円安、約9％下落したのです。

また、日本ではあの東日本大震災が日本経済や株式市場に甚大な被害を与えました。

このように株価が暴落するリスクは隣り合わせに存在するので、暴落に対する警戒心は株式投資をするうえで常に持ち続けなければいけないでしょう。

年数回の暴落で儲ける

少なくとも年2回は大暴落があると想定する

私は年5回～10回の暴落（私の基準で前日の日経平均終値よりも翌日に300円以上、一時的でも下落した場合）を想定してETF1357だけの売買で儲けることを前提にETF投資を楽しんでいます。

100万円の元手を年2倍で増やしていくと7年後には夢の1億円を突破する

※税金約20%で計算

年数	元手	年2倍	税引き利益	累計額
スタート	1,000,000	2.0	800,000	1,800,000
1年後	1,800,000	2.0	1,440,000	3,240,000
2年後	3,240,000	2.0	2,592,000	5,832,000
3年後	5,832,000	2.0	4,665,600	10,497,600
4年後	10,497,600	2.0	8,398,080	18,895,680
5年後	18,895,680	2.0	15,116,544	34,012,224
6年後	34,012,224	2.0	27,209,779	61,222,003
7年後	61,222,003	2.0	48,977,602	110,199,605
8年後	110,199,605	2.0	88,159,684	198,359,289
9年後	198,359,289	2.0	158,687,431	357,046,720
10年後	357,046,720	2.0	285,637,376	642,684,096

表 2

100万円の元手を年1.3倍で増やしていくと10年後には1000万円になる

※税金約20%で計算

年数	元手	年30%増	税引き利益	累計額
スタート	1,000,000	1.3	240,000	1,240,000
1年後	1,240,000	1.3	297,600	1,537,600
2年後	1,537,600	1.3	369,024	1,906,624
3年後	1,906,624	1.3	457,590	2,364,214
4年後	2,364,214	1.3	567,411	2,931,625
5年後	2,931,625	1.3	703,590	3,635,215
6年後	3,635,215	1.3	872,452	4,507,667
7年後	4,507,667	1.3	1,081,840	5,589,507
8年後	5,589,507	1.3	1,341,482	6,930,989
9年後	6,930,989	1.3	1,663,437	8,594,426
10年後	8,594,426	1.3	2,062,662	10,657,088
11年後	10,657,088	1.3	2,557,701	13,214,789
12年後	13,214,789	1.3	3,171,549	16,386,338
13年後	16,386,338	1.3	3,932,721	20,319,059
14年後	20,319,059	1.3	4,876,574	25,195,633
15年後	25,195,633	1.3	6,046,951	31,242,584
16年後	31,242,584	1.3	7,498,220	38,740,804
17年後	38,740,804	1.3	9,297,793	48,038,597
18年後	48,038,597	1.3	11,529,263	59,567,860
19年後	59,567,860	1.3	14,296,286	73,864,146
20年後	73,864,146	1.3	17,727,394	91,591,540

２０１７年1月4日から12月29日までの1年間で**暴落は合計11回ありました**。

年に数回、日経平均が前日比で５００円以上、下落する時もあります。

これを大暴落（これも私の基準で前日の日経平均終値よりも翌日に５００円以上、一時的でも下落した場合）と言っているのですが、２０１７年にはこの**大暴落が1回**ありました。

この**合計11回の３００円以上の暴落**に、日経平均が下がれば上昇するＥＴＦ１３５７を暴落前日の終値で１００万円分買い、翌日の暴落で上昇したＥＴＦ１３５７をその日の高値で売った場合、信用取引を利用しながら、たった22回の売買だけで30万円以上（税引き前）儲けることができるのです。

これを10年間続ければ実質、１０００万円以上稼ぐことができるのです。（表2参照）

年数回の暴落や大暴落の準備だけしっかりとしておくだけで、十分にＥＴＦ投資で満足のできる利益を生むことが可能なので、あなたの年収もアップし、**時給が50円上がった、１００円上がったぐらいで喜んでいた自分とは決別できる**のです。

もちろん与えられた仕事は一生懸命しなければいけませんし、ＥＴＦ投資で稼げるようになったからと言ってコンビニ店員を辞めては何の意味もありませんので、コンビニの仕事をしながらETF投資でコツコツと稼ぎ、将来、何がしたいのかを明確な目標として持っていれば願いが叶うと思うのです。

だからいまは焦らずに、日経平均がそろそろ暴落しそうだなと感じた時にコツコツとETF1357を買い、流れがつかめるようになってから30万円、50万円、100万円と投資額を増やしていけばいいのではないでしょうか。

リスクは常に潜んでいる

テロ、自然災害、地政学リスク

私がおすすめしているETF投資は、何度も言いますが、日経平均が上昇すれば逆に下落するETF1357と日経平均と同じ動きをするETF1570の2銘柄を上手に売買して儲ける方法です。

だから、買うタイミングさえ間違わなければ確実に儲けることができるのです。**「そんなこと当たり前じゃないか」**と叱られそうですが、買うタイミングは個別銘柄よりも数段わかりやすいのがこのETFの特長です。

騰落レシオを筆頭にチャートや空売り比率、円相場などから**日経平均がいま高値圏なのか安値圏なのかを見極めることだけに集中**すれば勝つ可能性が高くなるのです。

しかし、株式投資歴が長い人でもこのことに気付いていない人はあまりにもたくさんいるのです。

実をいうとわたしもこのＥＴＦを知ったのはつい1年半ほど前で、特に日経平均が下落すれば上昇するＥＴＦ１３５７はなぜ日経平均が下がれば上昇するのか意味が全くわかりませんでした。（今でも細かい仕組みはわかりませんが。）

そこで私はこの銘柄に興味がわき、本格的にＥＴＦ投資をするきっかけとなったのです。

残念ですが、世の中は良いことよりも悪いことの方が多い傾向があります。

例えば戦争。中東では絶えず内紛が勃発し、たくさんの市民が犠牲になっています。

遠く離れた異国のうえ、正確な情報も少ないため私たちの関心が薄れるのも仕方がないことかもしれませんが、戦争の影響で石油の価格が高騰すれば資源の少ない日本の製造業はダメージをうけ、利益が減り株価は下落します。

その他テロや自然災害、人災など年がら年中、身の回りにはリスクが潜んでいることを考えながら投資をしなければいけません。

明日、何かが起こるかもしれないと怯えながら株を持ち続けるよりも、**明日何かが起こって**

も慌てることなく冷静に受け止める体制をとっている方が安心なのではないでしょうか。

ＥＴＦ１３５７は日経平均の下落で儲ける銘柄なので何か不幸を待ち望んでいるかのように捉える人もいますが決してそのような考えではなく、株を買うリスクがあまりにも多いので自己資産の保険として買っていると思っていただきたいのです。

空売り比率で先をよむ

40％を基準にする

騰落レシオほど気にする数値ではありませんが、空売り比率も頭の片隅に入れておきたい数値のひとつです。

日経新聞朝刊のマーケット欄に小さく表示されているので毎日、目を通しておいてもいいのではないでしょうか。

空売り比率とは東京証券取引所が公表している信用取引全体において空売り（信用売り）の割合を示した指標です。

一般的に**空売り比率が40％を超えると売りの勢いが強い**とされており、この先、空売りの買い戻しにより株価の上昇が期待されます。

空売り比率の上昇は、株安で利益を得ようとする投資家が増えていることを示しています。

反対に空売り比率が40％を下回ると今度は買われ過ぎのサインでこの先、株価の下落が想定できます。

ただ、この空売り比率も極端に変動することは無いのであまり神経質になる必要はありません。

40％前後でうろうろしていた比率が45％付近まで上昇したところで、数日後に日経平均が上昇するのではないかと注意をしながら、ＥＴＦ１５７０をコツコツと買えばいいでしょう。

また、逆もしかりで、**空売り比率が40％を割ると買いの圧力が強い（カラ売りが少ない）**ので、この先、日経平均が下落する可能性が高いと判断し、日経平均とは逆の動きをするＥＴＦ１３５７を同様にコツコツと買えばいいのです。

いずれにしても、この空売り比率だけで日経平均の上下を予想するのは無理があり危険でもあるので、空売り比率と騰落レシオをすり合わせながら買う準備をすれば、より正確に安く買うことができるのでしょう。

外国人の日本株買い越し連続

記事に出たら警戒しよう

外国人投資家が日本の株を売った金額よりも買った金額が多ければ買い越しとされ、売った金額が買った金額よりも多ければ売り越しと言われています。

日経新聞には、外国人投資家の買い越しが連続すれば **「外国人投資家2週連続買い越し」** や **「3週連続買い越し」** と時々記事で報告しています。

そこでわたしが注目しているのが、**外国人投資家の買い越し連続週**です。

外国人投資家は日本の株式市場に大きな影響があります。

日本の株式市場では、**「外国人は順張り、個人は逆張り」** の傾向があると言われています。

よって、外国人投資家は日経平均が上昇し始めれば、順張りで株価をさらに上昇させてくれます。

一方、逆張りを好む個人投資家は株価が下げたところで買う傾向があるので、日経平均の下落を抑える役割を果たしていることになります。

しかし、外国人投資家の買い越しが2週連続、3週連続と書かれた記事を見れば、このままもっと上がるのではないかと迷い始めるのは投資家心理です。

そんな個人投資家が下落を待てずに買い始め、追い打ちをかけて日経平均が上昇したところで一気に売りを仕掛けて儲けているのが外国人投資家の手口のような気がするのです。

日経平均は下落するときは一気に下落することもあるので、空売りで儲けている外国人投資家には標的にしやすいのかもしれません。

よって**外国人の売り越し連続週よりも買い越し連続週に注目**して、買い越しが2週、3週と続けば、近々、下落する可能性があると警戒してもいいのではないでしょうか。

欧米は下げたがり、日銀は上げたがる

どちらが勝つのかを注視する

このように、海外投資家の傾向を私なりに見ていると、欧米は日本の株価が上がらないように上から押さえつけている風に見えるのです。

スポーツの世界でよくあるのが、日本人選手が活躍しすぎると、いとも簡単にルールを変更

する、**「スポーツ界における欧米のルール」**のような身勝手な文化があります。

中高年世代の私たちが記憶に蘇ることと言えば、1988年のソウルオリンピック100メートル背泳ぎで金メダルを獲った鈴木大地選手の代名詞、「バサロ泳法」ではないでしょうか。詳しいルールはさておき、この**日本人選手の金メダルをきっかけにルールが改正されたとも**いわれています。

また、スキーのジャンプ競技やフィギアスケート、さらには日本の伝統的武道である柔道までもが欧米選手に有利とも受け止められる度重なるルールの変更が強引に行われてきました。

そのようなことも踏まえて冷静に考えれば、**日本の株式市場も外国人投資家に支配されているように思えてならない**のが私個人の感想です。

政府や日銀は株価を下げたくはないので、あらゆる手段を駆使して株価が上昇するように躍起になっています。

財務大臣や官僚が政策を打ち出し、日銀は総裁が記者会見を開き、日本経済が成長するような発言を定期的に行っています。

正直、物価目標や消費者指数が何パーセントになればいいのかそうでないのかは、コンビニ店員の私にはさっぱりわかりませんが、株価を上げようとしている熱意だけは伝わってきます。

日銀がETFを年数兆円買っていることは周知の事実なので、日経平均が下がれば買いを入れて下落を抑えようとしているのも日経新聞を読んでいればわかります。

買い入れの時期や時間の詳細は公表されていませんが、このまま買い続けていてもいずれ資金は底をつき、欧米をはじめとした**外国人投資家に軍配が上がりそうな気配**を感じているのは私だけではないはずです。

景気のいいニュースがよく出ると警戒する

ニュースキャスターを観察

「人の行く裏に道あり花の山」という格言があります。人の行かない道に意外な素晴らしい花の山があるという意味です。

要するにみんなとは真逆の方法で株を買いなさいということなのです。一般的に**押し目買い**と言われる買い方は株価が暴落した時に一気に買う手法で個人投資家に多い傾向があります。

一方、株式市場が上昇しているときにその流れに沿って買う手法は**順張り**といい、反対に市場が下落傾向のときに買う手法は**逆張り**といいます。

安く買って高く売るのが株で儲けるための基本ですが、必ずしも押し目買いや逆張りがいいとは限りません。

アベノミクスがスタートするまでは景気の回復は見込めず、株価もさっぱりしませんでした。しかし、政権が交代した途端、海外投資家を中心に日本株が買われたことによって活気づき、下降モードから上昇モードへと切り替わりました。

さらに、次々と政府や日銀は思い切った政策を打ち出し、ようやく日本株が上昇トレンドに乗りました。

そこで暴落を待ち、押し目買いを狙っていてもトレンドに逆らうことになるので、押し目買いは無謀で、むしろ順張りをしながら上昇すれば売る方法でコツコツと儲けることが正解だったといえるでしょう。

しかし、今の株式市場は一部の人たちが恩恵をうけているだけで、私たち一般人が毎日生活をしていて景気がいいと実感がないのに**株価だけが一人歩き**をしているようです。

それなのにニュースでは景気のいい話が飛び交い、私たちも錯覚しそうな気持になります。まさに**景気の気は気持ちの気**ということではないでしょうか。

数年前の出来事ですが、連日株価が上昇している中、経済ニュースでキャスターが笑顔で**「今**

日も株価が上昇しました」というのを聞き、テレビ画面に向かって首をかしげてから数日後に暴落があったことを今でも記憶に残っています。

だから私は景気のいいニュースをよく聞くようになったときは警戒し、暴落の準備をするようにしているのです。

当てずっぽうで株を買うのは危険ですが、十年以上も投資をしていると何となくですが、勘というものが働き危険を察知できるようになるのです。

くれぐれもいいニュースが耳に付くようになったときは**今現在、あなたにとって景気がいいのか悪いのか**を判断して買うタイミング、売るタイミングを狙ってください。

アメリカは何を考えているのかを考える

世界はこの国を中心に動いている

世界の経済はアメリカが握っているといっても過言じゃありません。

実際、基軸通貨のドルはアメリカの通貨ですし、貿易においてもアメリカ主導で私たちの国、日本は、アメリカの顔色を伺いながら自国の利益を模索しています。

ですから、アメリカは当然、アメリカの製品や食品を売りたがり、他国の製品はできるだけ売れないほうがいいのです。

しかし、残念なことに、自動車を始め、**アメリカの製品や食品は一流ではない**のです。

トヨタ自動車は世界が認めるブランドです。だから世界中で売れるのです。

一方、日本でアメリカ車を見かける機会はほとんどありません。なぜなら、日本車のほうが、性能が優れているからです。

また、高級車になるとアメリカのキャデラックよりもドイツのベンツやBMWの方が格好よくて性能がいいので富裕層をはじめ、外国車が好きな人はそちらを選ぶのです。

だからといってアメリカは指をくわえて、羨ましがっているわけではありません。税金を高くしたり、クレームを入れて訴訟をおこしたりといろんな手段を駆使してでも自国の車を売りたいのです。

それでも、**アメリカ人そのものが自国の車よりも日本車の方が優れていると感じ**はじめ、アメリカにはたくさんのトヨタの工場が存在し、アメリカ人の雇用に貢献しているのです。

ですからアメリカ政府も無下に日本車のバッシングをするわけにはいかないから、関税を高くするなどの対策を練っているのが見え見えです。

トランプ大統領は**アメリカファースト**を掲げています。自分の国さえよければそれでいいという考え方でとても危険です。

貿易問題をはじめアメリカの利益のみを追求するので、ヨーロッパではとても嫌われているのです。

本当は日本も嫌っているのでしょうがアメリカの子分なのであまりきつくは言えないのが本音でしょう。

未来永劫、日本が主導になり世界経済を動かすことはありません。

ですから**アメリカは今何を考えているのかを漠然と考える**だけでもこの先の株価を予想するのに少しでも役立つのではないかと思います。

なぜ政府は株価を気にするのか

政府と日銀はジャイアンとスネ夫

総理大臣をはじめ、政府は株価のことをやたらと気にしているようにコメントから伺うことができます。

では、なぜそこまで株価が気になるのでしょうか。

株価の上昇は、企業の業績が好調であるあらわれで、その恩恵を受ける会社員を筆頭に国民の生活が豊かになれば政権が支持され、次の選挙でも勝てるので、政治家自身の身分が保証されることから株価ばかりが気になるのです。

とどのつまりは自分自身が豊かになれるからなのです。

そのためにあらゆる手段を使ってでも**株価を下げさせまいと努力**するのです。

日本銀行（日銀）は日本国政府から独立した法人とされていますが、私たちコンビニ店員からすれば政府と無関係なのかどうかなど考えたこともなく、ただ、日銀総裁の会見をボーっとテレビで見ているだけでした。

事あるごとに日銀は、政府から圧力などかけられていないと表向きは言っておりますが、その日銀総裁を決めるのは政府です。

日本がアメリカの子分であるのと同様、日銀総裁は日本政府の子分なので親分の言うことには逆らえないのです。

だから、政府から株価を上げるように指示されれば、それに従うしかないので、自民党総裁選の開票が行われた9月20日までの約1カ月間でおよそ1500円も日経平均が上昇しているのです。

これはあくまでも私個人の考えなので真意はわかりませんが、国民が景気を実感していないのに、株価だけが独り歩きしているように思えてなりません。

東京五輪後のことも考えておく

10年以内の不況に備えて

私は**10年以内には必ず不況がやってくる**と思っています。普通に考えても、これだけ少子高齢化が加速すればこれからの若い世代は高齢者を支え切れなくなってくるからです。

団塊の世代と言われている人たちの子供（団塊ジュニア）が減ってくるころから徐々に景気は回復するでしょうが、それまで一体何十年かかるのか見当もつきません。医療技術が進歩し、**平均年齢が90歳100歳になる**こともあり得るのです。そうなれば生き残れるのはごく一部の限られた人だけになってくるかもしれません。

そのためには**自分の力で生きる術を身につけなければいけないのです**。

不況になれば株式市場も冴えない低迷期が続くでしょう。そんなときに株で儲けるのは至難の業です。低迷期に企業の株を買っても上昇するまで5年10年とかかるので資産にゆとりのある人たちにとっては長期投資がいいのは間違いありません。

しかし、それ以外の人たちは家計の心配ばかりしながら生活をしなければいけないのです。

そんな**不安を取り除くことができるのがETF投資**なのです。

ETF投資についてはこれまでに何十回と説明してきましたが、景気が悪いからと言って**日経平均が永遠に下がり続けることはありません**。

トレンドは下降状態かもしれませんが、政府日銀も無策のまま株価を見守るとは考えられないので、海外投資家の売り圧力に負けまいと、必死で株価を上げるための政策をとるはずです。

そのタイミングで上手にETF1570を買い、利益を上げれば今度はETF1357を買って、日経平均が下がったときに売って利益を上げていけばいいのです。もちろん、好景気と言われている今よりも難しい投資になるとは思いますが、株価の上昇を期待しながらじっと個別銘柄を持つよりかは儲けるチャンスはあるのです。

東京五輪の前から不況が始まると言っている専門家もいるくらいです。

その不況を乗り越えるためには今からETF投資で儲ける技術を磨いておかなければいけないでしょう。

郵便はがき

恐れ入りますが
52円切手を
お貼り下さい

112-0005

東京都文京区水道2-11-5

明日香出版社 行
プレゼント係

感想を送って頂いた方10名様に
毎月抽選で図書カード（500円）をプレゼント！

ご注文はこちらへ

※別途手数料・送料がかかります。（下記参照）
※お支払いは〈代金引換〉です。（クロネコヤマト）

ご注文 合計金額（税込）	1500円以上	手数料230円
	1500円未満	手数料230円＋送料300円

ご注文書籍名	冊数

弊社WEBサイトからもご意見、
ご感想の書き込みが可能です！

明日香出版社HP http://www.asuka-g.co.j

愛読者カード　弊社ＷＥＢサイトからもご意見、ご感想の書き込みが可能です！

この本のタイトル					月　日頃ご購入
ふりがな お名前	性別	男 女	年齢	歳	
ご住所	郵便番号（　　　　）	電話（　　　　）			
	都道 府県				
メールアドレス					

商品を購入する前にどんなことで悩んでいましたか?

何がきっかけでこの商品を知りましたか?　① 店頭で　② WEBで　③ 広告で

商品を知ってすぐに購入しましたか?しなかったとしたらなぜですか?

何が決め手となってこの商品を購入しましたか?

実際に読んでみていかがでしたか?

ご意見、ご感想をアスカのホームページで公開してもよいですか?

① 名前を出してよい　② イニシャルならよい　③ 出さないでほしい

●その他ご意見

●どんな書籍を出版してほしいですか?

ご記入いただいた個人情報は厳重に管理し、小社からのご案内や商品の発送以外の目的で使用することはありません。

PART 6

これだけは毎日しておきたいこと

ダウ平均と日経先物は毎朝チェック

その日の株価が予想できる

ダウ平均とはアメリカのS＆Pダウ・ジョーンズ・インデックスが算出する**アメリカ合衆国の代表的な株価指数**です。

一般的に、ダウ工業株30種平均をダウ平均、ニューヨークダウと称されており、日本でよく公表されている株価となります。

代表的な銘柄では**アップル**や**マイクロソフト**、**ナイキ**、**コカ・コーラ**、**ジョンソンエンドジョンソン**、**ボーイング**、**ゴールドマンサックス**など世界的に有名な企業が入っています。

ニューヨークの株式市場は日本とは時差があるので、私たちが寝ている時間帯に開かれています。

金融界では**「アメリカがくしゃみをすると日本が風邪をひく」**と皮肉にも捉えられそうな言葉があり、実際、ニューヨーク株式市場は日本の株式市場に絶大な影響力があります。

NYダウが静かな取引で終了していれば、いびきをかいて寝ていても問題はありませんが、激しい値動きの末、暴騰や暴落になっていれば、日経平均も追随して暴騰、暴落するので、のんびりと寝ているわけにはいきません。

そしてもう一つが日経先物です。こちらの正式名称は**「日経225先物取引」**で、**「日経225先物」**や**「日経平均先物」**ともいわれています。

こちらは日中だけでなく、NYダウと同様、日本の深夜にも取引が行われているので、朝には夜間先物の株価が確定しています。

日経平均先物が前日よりも大きな値幅で終わっていれば、午前9時に開かれる日本の株式市場もそれに合わせるような株価でスタートします。

NYダウと日経平均先物、この2つは日本の株式市場、特に日経平均の株価に影響があるので平日取引のある朝は少し早起きして、チェックしておきたいところです。

毎日の習慣として
日経平均が300円以上、上下した時の指値

前章で作ったデータ表には、日経平均の株価と騰落レシオ、ETF1357とETF1570の株価は毎日欠かさずに記録しておきましょう。

これを怠らずに記録しておかないと、いざ、暴騰や暴落があった時に素早く対処できないので、**儲けるチャンスをみすみすと逃してしまう**ことになるのです。

日経平均の動きが安定しているときは、私がおすすめしている2つのETFも目立った動きはなく、デイトレードをしている機関投資家や個人投資家によってただ売買代金が増えているだけです。

そのような日が何日も続くと、つい記録を忘れがちになってしまいます。

私はこの地道な作業の積み重ねこそがETF投資で成功する近道だと信じているので、どんなに忙しいときでもこれだけは欠かさないようにしています。

その地道な作業のおかげで、翌朝、いつものように4時に起きてからパソコンを開いたときに、NYダウや日経平均先物が暴落や暴騰していた時は素早くETFの売買注文ができるのです。

ですから、本書を手に取り、購入または立ち読みした人は、前日にきちんとその日のデータを記録することだけはさぼらずに行ってください。

やってよかったと実感する日が必ず来るので。

円相場もチェックしよう

今、円高なのか円安なのか

経済で最も重要なのが円相場です。これは日本の円に対する外貨の為替レートのことで、アメリカのドルやヨーロッパのユーロが比較されることが主流です。なかでもよく耳にするのが円高、円安という言葉です。

ではいったい**円高、円安とはどういうこと**なのでしょうか?

ここでは通常、最も重要とされているアメリカのドルに対しての円高、円安について説明します。

まず、**アメリカのドルは基軸通貨**といって世界中で輸出入の支払いや金融の取引などに使われているのでドルを基準に表現されるわけです。

すなわち、**ドル安＝円高**で、ドルの値段が安くなったのに対し円が高くなったので円高といわれるのです。

さらにわかりやすくいえば、**ドル安＝円高**、ドルが安く買えるということです。

例えば昨日1ドルが100円だったとしましょう。

そして翌日の今日、昨日100円だった1ドルが98円になったので安く買えたということです。

反対に円安について考えましょう。**円安＝ドル高**なので、ドルが高くなったということです。先ほどのように昨日、1ドルが100円だったのに対し、今日は102円になったのでドルが2円高くなり100円では買えなくなってしまったのです。

これを日本の経済にあてはめると**ドル安＝円高は輸入商品が安く買える**わけです。海外から輸入された商品が安く買えるのでアメリカ産ワインが当時、1ドル100円と換算した場合、1本1000円で買っていたワインが、その後ドル安（円高）で1ドル90円になれば900円で同じワインが買えるので、100円得したことになります。

一方、**ドル高＝円安は輸入商品が高くなる**ので、1ドル110円になればこの前900円で買えたワインが1100円出さないと買えなくなるのです。海外製品を輸入している企業にとって円高（ドル安）は歓迎され、日本国内で製造した商品を海外へ輸出している企業にとっての円高（ドル安）は利益が減り、業績に悪影響を及ぼすので、円安（ドル高）のほうが好都合なのです。

私たちの国日本はものづくりにおいては世界トップクラスなので日本の製品は海外ではとて

も信頼されており人気があります。

そのため日本で作った製品を海外に輸出している会社は自社製品を高く買ってくれる円安（ドル高）がいいのですが、その一方で食料自給率（国内消費食料に対する国内産食料の割合）は最低レベルなので、食料は海外からの輸入に頼らざるを得ません。

私たちの食生活で欠かすことのない小麦や大豆のほとんどが海外でつくられたものです。

その海外で収穫された小麦や大豆を輸入して食品を製造している企業にとって円安(ドル高)は歓迎されないのです。ガソリンも同様。


一般的に日経平均の株価を構成している225銘柄は自動車産業やハイテク産業といった輸出企業の割合が多いので、円安＝株高、円高＝株安となり、日経平均が上がれば同じ動きをするETF1570の株価が上がってほしいときは、円安（ドル高）が良いのです。

一方、日経平均がこの先、下落すると踏んで日経平均とは逆の動きをするETF1357をコツコツと買っていた場合は、円高（ドル安）が良いのです。


そのために円相場が今後どのように推移するのかも日頃から予想しながらチェックしておきましょう。

騰落レシオは嘘つかない

やっぱりこれが一番重要

これから日経平均連動型のＥＴＦ投資をはじめるあなたにとって、この騰落レシオは一番重視しなければいけない指標となります。

騰落レシオとは、市場の値上がり銘柄数と値下がり銘柄数の比率から、市場の過熱感を見る指標で、いわゆる**買われすぎ、売られすぎを見るためのテクニカル指標**です。

値上がり銘柄数／値下がり銘柄数を計算してパーセント表示するかたちが一般的です。

５日または25日という期間をとって、「５日間の値上がり銘柄数の合計／５日間の値下がり銘柄数の合計」を計算したものを**「５日騰落レシオ」**といい、「25日間の値上がり銘柄数の合計／25日間の値下がり銘柄数の合計」を計算したものを**25日騰落レシオ**と呼びます。

前者は短期的な市場の過熱感、後者は中期的な市場の過熱感を見る指標といわれています。

私がおすすめしているＥＴＦ投資では25日騰落レシオのみを参考にしており５日騰落レシオは無視しています。

騰落レシオは100%が中立の状態で、100%を超えると値上がり銘柄が多い状態を意味し、**120%以上になると買われすぎ**（130%という人もいます）の過熱気味、逆に、**80%以下は売られすぎ**（70%という人もいます）の底値ゾーンといわれるのが一般的です。

また日経平均が100円、200円上昇したにもかかわらず騰落レシオが前日と変わらなかったりすることもよくあるので、騰落レシオ単独の指標でETFの売買をするのも危険です。

ユニクロを世界中に展開しているファーストリテイリング社をはじめ、日経平均225銘柄に採用されている超大型株は日経平均の株価に大きな影響をもち、その銘柄が暴騰や暴落があれば日経平均株価が大幅に上昇、下落することもあるので日経平均が大きく上昇下落した時はこれらの企業の株価もチェックしておいてもいいかもしれません。

騰落レシオが120%だから売り、80%だから買いという決めつけも早急で、**90%から徐々に上昇しての120%ならまだ上昇する**余力があるかも知れませんし、140%から下がってきた120%の騰落レシオならこの先、日経平均は下落する確率が高いと予想できます。

また、売られ過ぎの80%でも同様に、**70%から上がってきた80%なのか、110%から下がってきた80%なのか**で全然、変わってきますので騰落レシオは毎日欠かさず記録しておかなければいけないでしょう。

SNSを日記がわりに

負けた時こそ記録に残そう

株式投資をするうえでデータをとることはとても大切ですが、むやみやたらに何でもかんでもとりすぎるのも問題で、尚且つ長続きしないのが私の考え方です。

だから、あなたにはこれまでに説明してきた指標を中心に独自のデータを作ることをお勧めしましたが、忙しい毎日、なかなか自分で調べて記録するのも難しいという人は**ブログやツイッターなどのSNSを活用**すればいいでしょう。

日経平均株価、騰落レシオ、空売り比率、NYダウ、日経225先物等、２つのETF1357とETF1570を売買するときに、私が参考としている指標をあなたのSNSに日記代わりに記録しておけば、おのずと買うタイミング、売るタイミングがつかめるようになってくるはずです。

スマートフォンを持っている人なら何かしらのSNSを利用していると思うのでぜひ記録は怠らずに実践してください。

また、ＥＴＦ投資の成績も日々記録しておいた方が断然、今後に役立つのでお勧めです。特に負けた時の状況やあなたの感想なども一緒に書いておけば、後日、見返した時に参考になるのでいいでしょう。

それでも**「そんな時間ないよ」**という人には私が毎日発信している、ツイッターをこのページの最後に表記しておきますので、よろしければ参考にしてください。

ただし、自分で調べて記録する方が記憶に残り流れもつかめやすくなるので、自分なりの予想や感想を綴っていくほうが効果的だと思います。

一流のアスリートは毎日、日記をつけているそうですが、あなたには以前の私のように失敗はしてほしくないので、面倒かもしれませんが歯を磨くような感覚でＳＮＳを有効に活用してください。

前畑うしろ（まえはた・うしろ）

元信用組合職員で、現コンビニのアルバイトが、たったの2種類のETF投資（日経225オプションではない）を武器に稼いでいる。銀行マン時代の“プロの眼”とコンビニ店員の“アマチュアの眼”、欲張りは最大の敵をモットーに売買している。一騎駆けのような気ぜわしい投資よりもじっくりゆっくり増やしていく方法を得意としている。

Twitter:https://twitter.com/maehata_ushiro
instagram:https://www.instagram.com/maehata_ushiro
blog:http://ushiro-maehata.blog.jp

ポケットマネーではじめる月《つき》1500円《えん》のETF投資《とうし》

2019年1月17日　初版発行

著者　前畑うしろ
発行者　常塚嘉明
発行所　株式会社　ぱる出版
〒160-0011　東京都新宿区若葉1-9-16
03(3353)2835－代表　03(3353)2826－FAX
03(3353)3679－編集
振替　東京　00100-3-131586
印刷・製本　中央精版印刷(株)

ISBN978-4-8272-1164-1　C0033